Subalterno/a del Ayuntamiento de Valencia

Septiembre, 2024

Curso

La diferencia entre aprobar
y sacar plaza

Subalterno/a

AYUNTAMIENTO DE VALENCIA

Accede a tu **Curso MAD360** y disfruta de los siguientes recursos:

- Técnicas de Memoria 360.
- MADTEST: Test nivel PRO.
- Temario en formato digital.
- Vídeos.
- Esquemas.
- Planificación de estudio.
- Foro entre opositores hasta la fecha del examen.*
- Recursos y novedades exclusivas.
- Consulta sobre la oposición y el proceso selectivo.
- Actualizaciones legislativas (Boletines Oficiales) hasta 60 días antes de la fecha del examen.*

Para acceder al Curso MAD360** será necesaria la compra de todos los libros para esta especialidad de la edición 2024.

Valida los códigos que encuentras en la última página de tus libros y disfruta de la experiencia MAD360.

Infórmate en: mad.es/registro-campus

NOTA IMPORTANTE:

* Examen de esta categoría profesional correspondiente a la convocatoria publicada en el BOP de Valencia n.º 134, de 12 de julio de 2024, o hasta el 31 de agosto de 2025, lo que se cumpla antes.

** El acceso al CURSO MAD360 estará disponible desde agosto de 2024 (algunos recursos podrían estar disponibles en fecha posterior). Tendrá una duración de 365 días, desde la validación de códigos, o hasta el 28 de febrero de 2026, lo que se cumpla antes.

MAD se reserva el derecho a ampliar dichas fechas.

Subalterno/a del Ayuntamiento de Valencia

Test del Temario

Autores

TERESA MARÍA TORRES FONSECA
LICENCIADA EN DERECHO

JOSÉ VICENTE ROJO ARNAU
LICENCIADO EN DERECHO

MAGALÍ RIERA ROCA
LICENCIADA EN DERECHO

ANTONIO JESÚS LUCENA DOMÍNGUEZ
LICENCIADO EN CRIMINOLOGÍA
EXPERTO UNIVERSITARIO EN GESTIÓN DE EMERGENCIAS
DIRECTOR Y JEFE DE SEGURIDAD PRIVADA HABILITADO PARA LA FORMACIÓN DEL PERSONAL DE SEGURIDAD PRIVADA
DOCENTE DE PERSONAL DE SEGURIDAD PRIVADA
PROFESOR Y TUTOR CURSO DE DIRECTORES DE SEGURIDAD CON LA UNIVERSIDAD DE CÓRDOBA

LIDIA PONCE MARTÍNEZ
LICENCIADA EN PSICOLOGÍA

© 7 Editores Recursos para la Cualificación Profesional y el Empleo, S.L. (7 Editores)
© Los autores
Primera edición, septiembre 2024 (174 páginas)
Derechos de edición reservados a favor de 7 Editores
IMPRESO EN ESPAÑA
Diseño Portada: 7 Editores
Edita: 7 Editores
Avda. San Francisco Javier, 9 · Edificio Sevilla 2 · Planta 11 · Módulos 25-27 · 41018 Sevilla
Teléfono: 954 784 411 · WEB: www.mad.es · e-mail: administracion@7editores.com
ISBN: 978-84-142-8549-7
© "Editorial Mad" y "Eduforma" son nombres comerciales registrados de
7 Editores Recursos para la Cualificación Profesional y el Empleo, S.L.

Índice

TEST N.º 1

La Constitución Española de 1978. Principios generales. Derechos y libertades fundamentales de los españoles. La Corona. Las Cortes Generales. El Gobierno y la Administración. El Poder Judicial

1. ¿En qué se fundamenta la Constitución Española?

a) En un Estado social y democrático de Derecho.
b) En la indisoluble unidad de la Nación española.
c) En la independencia de los poderes del Estado.
d) En la organización territorial del Estado.

2. Según el artículo 3 de la CE, el castellano es la lengua oficial del Estado y todos los españoles:

a) Tienen el deber de usar y el derecho de conocer el castellano.
b) Tienen el derecho y el deber de conocer el castellano.
c) Tienen el deber de conocer y el derecho de usar el castellano.
d) Tienen el derecho de conocer y usar el castellano.

3. La Constitución Española reconoce y garantiza el derecho a la autonomía:

a) De las nacionalidades que la integran.
b) De las regiones que la integran.
c) De las Comunidades Autónomas que la integran.
d) De las nacionalidades y regiones que la integran.

4. El Preámbulo de la Constitución:

a) Tiene en sí carácter de norma jurídica.
b) Es una declaración de intenciones, destinada a interpretar lo que se quiere alcanzar con el contenido normativo de la Constitución.
c) Se trata de un texto sin fuerza jurídica de obligar.
d) Las respuestas b) y c) son correctas.

5. Señala la respuesta correcta, respecto de la aprobación, ratificación y publicación de la Constitución Española:

a) Aprobada por las Cortes el 31 de octubre de 1978, ratificada por el pueblo en referéndum el 6 de diciembre de 1978 y publicada el 29 de diciembre de 1978.
b) Aprobada por las Cortes el 30 de octubre de 1978, ratificada por el pueblo en referéndum el 16 de diciembre de 1978 y publicada el 27 de diciembre de 1978.
c) Aprobada por las Cortes el 31 de octubre de 1978, ratificada por el pueblo en referéndum el 16 de diciembre de 1978 y publicada el 29 de diciembre de 1978.
d) Aprobada por las Cortes el 10 de octubre de 1978, ratificada por el pueblo en referéndum el 26 de diciembre de 1978 y publicada el 30 de diciembre de 1978.

6. ¿En qué parte de la Carta Magna se establece la exposición de motivos que impulsan la norma constitucional y los objetivos que con ella se pretenden alcanzar?

a) En el Título Preliminar.
b) En el Preámbulo.
c) En el Título I.
d) En el Título II.

7. La Constitución Española fue sancionada por:

a) El Rey.
b) El Presidente del Congreso.
c) Las Cortes Generales.
d) El Presidente del Gobierno.

8. ¿Cuáles de los siguientes españoles de origen pueden ser privados de su nacionalidad?

a) Exclusivamente los miembros de grupos terroristas.
b) Los miembros de grupos terroristas y los que atenten contra el Rey u otro miembro de la Casa Real.
c) Los que atenten contra un miembro de la Familia Real o del Gobierno de la Nación.
d) Ningún español de origen podrá ser privado de su nacionalidad.

9. Según la CE son fundamentos del orden político y la paz social:

a) La dignidad de la persona, los derechos violables que les son inherentes y el respeto a la ley.
b) La dignidad de la persona, el desarrollo limitado de la personalidad y el respeto a la ley.
c) El respeto a la ley, a los reglamentos administrativos y demás disposiciones legales.
d) La dignidad de la persona, los derechos inviolables que le son inherentes, el libre desarrollo de su personalidad, el respeto a la ley y a los derechos de los demás.

10. ¿Cuál de los siguientes es considerado por la CE como uno de los valores superiores del ordenamiento jurídico?

a) La jerarquía normativa.
b) El pluralismo político.
c) La publicidad normativa.
d) La equidad.

11. La forma política del Estado español es:

a) Democracia parlamentaria.
b) Gobierno parlamentario.
c) Monarquía parlamentaria.
d) República democrática.

12. La parte de la CE que regula la estructura de los principales órganos del Estado recibe el nombre de:

a) Parte dogmática.
b) Parte orgánica.
c) Parte estatal.
d) Parte estructural.

13. Según la CE, la soberanía nacional:

a) Corresponde a las Cortes Generales, al estar compuestas por los representantes del pueblo.
b) Corresponde al Rey.
c) Reside en el pueblo español.
d) Corresponde al Gobierno de la Nación elegido directamente por el pueblo.

14. ¿En qué parte de la Carta Magna se señalan los valores superiores del ordenamiento jurídico?

a) En el Preámbulo.
b) En el Título Preliminar.
c) En el Título I.
d) Ninguna respuesta es correcta.

15. ¿Cuál de las siguientes es una de las características de nuestra Constitución de 1978?

a) Consensuada.
b) Corta.
c) Conservadora.
d) Originalidad.

16. Son el fundamento del orden político y de la paz social:

a) El libre desarrollo de la personalidad.
b) Los derechos inviolables que les son inherentes.
c) El respeto a la ley y a los derechos de los demás.
d) Todas las respuestas son correctas.

17. ¿Qué quedará excluido de extradición?

a) Los delitos criminales.
b) Los delitos políticos.
c) Los actos de terrorismo.
d) Ninguno.

18. ¿Qué debe ser democrático, a tenor de lo dispuesto en la Constitución Española, en los sindicatos de trabajadores y las asociaciones empresariales?

a) Su funcionamiento.
b) Su estructura interna.
c) Su funcionamiento y estructura interna.
d) Sus órganos asamblearios.

19. ¿De cuántos Capítulos consta el Título I de la CE de 1978?

a) De tres.
b) De cinco.
c) De dos.
d) De cuatro.

20. El derecho a la propiedad en nuestra Constitución es un Derecho:

a) Inherente a la condición humana.
b) Absoluto.
c) Que está limitado por la función social de la misma.
d) Ninguna de las respuestas anteriores es correcta.

21. Dispone la Carta Magna que todos contribuirán al sostenimiento de los gastos públicos de acuerdo con su capacidad económica mediante un sistema tributario justo inspirado en los principios de:

a) Legalidad y equidad.
b) Igualdad y progresividad.
c) Publicidad y legalidad.
d) Eficacia y sostenibilidad.

22. En virtud del principio de progresividad tributaria:

a) Se implantarán paulatinamente cada vez mayores tributos.
b) Los tipos impositivos serán regresivos.
c) Prima el principio de igualdad en el pago de los tributos.
d) Nada de lo expuesto es cierto.

23. Según la Constitución, el Estado es:

a) Apolítico.
b) Aconfesional.
c) De bienestar social.
d) Federal.

24. El derecho a la vida se consagra en el siguiente artículo de la Constitución:

a) 10.
b) 16.
c) 15.
d) 24.

25. La pena de muerte en España:

a) Ha quedado abolida.
b) Puede aplicarse en cualquier momento.
c) Solo se aplicará, en tiempo de guerra, a los militares.
d) Rige solo en el ámbito civil.

26. La inmediata puesta a disposición judicial derivada del habeas corpus, se produce por:

a) Detención ilegal.
b) Prisión ilegal.
c) Prisión preventiva.
d) Detención preventiva.

27. El proceso en el que se enjuicie a un presunto delincuente debe:

a) Ser sumario.
b) No dilatarse.
c) Entorpecer los instrumentos probatorios.
d) Nada de lo anterior es cierto.

28. La entrada en un domicilio en caso de flagrante delito, sin autorización de su titular:

a) Puede dar lugar a la aplicación del habeas corpus.
b) Requiere autorización previa de la autoridad judicial.

c) Puede efectuarse en todo momento.
d) No puede realizarse en momento alguno.

29. Cuando, al conocerse la comisión de un delito por una persona, se acude a su domicilio para detenerla:

a) Está obligada a franquear la entrada.
b) Se necesitará autorización judicial para entrar, si no da su consentimiento para ello.
c) Pese a que no dé su consentimiento, se puede entrar.
d) Nada de lo anterior es correcto.

30. La autorización previa para celebrar una manifestación pública:

a) La da el Subdelegado del Gobierno en la Provincia.
b) Es ineludible.
c) Sería inconstitucional.
d) Se da cuando no se prevean alteraciones al orden público, con peligro para personas o bienes.

31. El tipo de sufragio que consagra la Constitución es el:

a) Proporcional.
b) Universal.
c) Censitario.
d) Las respuestas a) y b) son correctas.

32. Además de la no autoinculpación, la Constitución prevé que no se está obligado a declarar sobre un hecho presuntamente delictivo en caso de:

a) Parentesco y afinidad.
b) Cláusula de conciencia.
c) Secreto profesional.
d) Las respuestas a) y b) son correctas.

33. Los Tribunales de Honor están prohibidos respecto de los/la/las:

a) Sindicatos y Organizaciones Profesionales.
b) Administración Civil y Militar.
c) Organizaciones Profesionales y la Administración Civil.
d) Todas las respuestas anteriores son correctas.

34. El secreto profesional, constitucionalmente, sirve para:

a) Ejercer con libertad una profesión titulada.
b) La libertad de creación científica y técnica.

c) No declarar sobre hechos presuntamente delictivos.
d) Todo lo anterior.

35. La fundación de una Internacional Sindical por un sindicato español:

a) Es libre.
b) Está prohibida.
c) Debe plasmarse en un Tratado Internacional.
d) Nada de lo anterior es cierto.

36. El ejercicio del derecho de petición a través de una manifestación ciudadana:

a) No se admite.
b) Se admite en algún caso.
c) Se admite, salvo para los militares.
d) Ni se admite ni se prohíbe.

37. Nuestro sistema tributario ha de ser:

a) Regresivo e igualitario.
b) Progresivo y generalizado.
c) Confiscatorio.
d) Justo y regresivo.

38. Las Fundaciones son:

a) Entidades constituidas para fines de interés general.
b) Administración Corporativa.
c) Entidades privadas con fines de carácter también privado.
d) Asociaciones de personas para conseguir fines de interés general.

39. La asistencia de todo orden a los hijos habidos extraconyugalmente:

a) No está prevista en la Constitución.
b) Es un deber de los padres.
c) Se dispensará por Instituciones de Beneficencia.
d) Se dispensa solo a los que de ellos tengan discapacidad.

40. La especulación urbanística, según la Constitución:

a) Debe evitarse.
b) Está permitida.
c) Genera plusvalías para la colectividad.
d) Pueden hacerla los poderes públicos.

41. No es susceptible de recurso de amparo el derecho a la/de:

a) Sindicación.
b) Investigación científica.
c) Secreto de las comunicaciones.
d) Lo son todos ellos.

42. No es susceptible de recurso de amparo el derecho de:

a) Libertad de cátedra.
b) Negociación colectiva.
c) Manifestación.
d) Huelga.

43. Es susceptible de recurso de amparo el derecho a la/de:

a) Libre sindicación.
b) Petición.
c) Cláusula de conciencia.
d) Lo están todos ellos.

44. Una vez declarado el estado de excepción no se puede suspender el derecho/ libertad de:

a) Huelga.
b) Enseñanza.
c) Adopción de medidas de conflicto colectivo.
d) Libertad de circulación.

45. Durante el estado de excepción, un detenido conserva el derecho de/a:

a) Setenta y dos horas para ser puesto a disposición judicial.
b) Secreto de comunicaciones.
c) Asistencia de Letrado.
d) Ninguno de ellos.

46. Se puede suspender, con motivo de investigaciones relativas a bandas armadas, el derecho de:

a) Huelga.
b) Inviolabilidad del domicilio.
c) Libertad de circulación.
d) Las respuestas b) y c) son correctas.

47. Nuestra Constitución trata de los derechos y deberes fundamentales de los españoles en su Título I, denominado:

a) De los derechos y deberes fundamentales.
b) De los deberes de los españoles.
c) De los derechos de los españoles.
d) De los derechos y deberes principales de los españoles.

48. ¿En qué artículos de nuestra CE se recogen los derechos fundamentales y de las libertades públicas?

a) En los artículos 10 a 43.
b) En los artículos 25 a 38.
c) En los artículos 31 a 45.
d) En los artículos 15 a 29.

49. En caso de que prospere una moción de censura contra el Gobierno:

a) Cesará al mes de la propuesta.
b) Cesará a los diez días de la propuesta.
c) Cesa únicamente el Presidente del Gobierno.
d) Ninguna es correcta.

50. Para poder ser admitida una moción de censura, la misma deberá ser propuesta, al menos, por:

a) Dos grupos parlamentarios.
b) 35 Diputados.
c) Tres quintos de la Cámara.
d) Un 15%

51. Indica la opción correcta, respecto de la moción de censura:

a) La moción de censura no podrá ser votada hasta que transcurran cinco días desde su presentación.
b) En los dos primeros días de dicho plazo no podrán presentarse mociones alternativas.
c) Si la moción de censura no fuere aprobada por el Congreso, sus signatarios podrán presentar otra durante el mismo período de sesiones.
d) Todas son correctas.

52. La cuestión de confianza es planteada por:

a) Al menos la décima parte de los Diputados.
b) La mayoría de los Diputados.
c) El Presidente del Gobierno.
d) Ninguna es correcta.

53. La confianza del Congreso se entiende otorgada al Presidente del Gobierno por:

a) Mayoría simple.
b) Mayoría absoluta.
c) Mayoría de los 3/5.
d) Mayoría de 2/3.

54. El Gobierno responde de su gestión política:

a) Solidariamente ante las Cortes Generales.
b) Solidariamente ante el Senado.
c) Solidariamente ante el Congreso.
d) Ninguna es correcta.

55. La responsabilidad política del Gobierno le es exigida por el Congreso mediante:

a) La moción de censura.
b) La cuestión de confianza.
c) Interpelaciones.
d) Cualquiera de ellas.

56. Entre las facultades del Presidente del Gobierno se encuentra:

a) La disolución de las Cortes Generales.
b) La propuesta de disolución de las Cortes.
c) La disolución del Consejo General del Poder Judicial.
d) Sancionar las leyes.

57. La responsabilidad del Gobierno ante el Congreso es de carácter:

a) Personal.
b) Individual.
c) Solidario.
d) Subsidiario.

58. ¿Los miembros del Gobierno pueden hablar en las Cámaras?

a) Nunca.
b) Siempre que lo deseen.
c) Sólo si son parlamentarios.
d) Sí, a propuesta del Presidente del Congreso.

59. ¿Toda interpelación al Gobierno podrá dar lugar a una moción?

a) Sí.
b) No, nunca.
c) Sólo en asuntos exteriores.
d) Ninguna es correcta.

60. ¿Quién nombra y separa a los miembros del Gobierno?

a) El Presidente del Congreso de los Diputados.
b) El Rey.
c) El Presidente del Gobierno.
d) El Rey, previa autorización del Presidente del Congreso.

61. ¿Qué plazo establece la Constitución entre una primera votación y una segunda para elegir candidato a Presidente del Gobierno?

a) 24 horas.
b) 48 horas.
c) 72 horas.
d) No estabelece ningún plazo.

62. En la segunda votación para elegir candidato a Presidente del Gobierno, ¿qué mayoría se necesita?

a) Absoluta.
b) Cualificada.
c) Simple.
d) 3/5.

63. En la primera votación para elegir candidato a Presidente del Gobierno, ¿qué mayoría se necesita?

a) Absoluta.
b) Cualificada.
c) Simple.
d) 2/3.

64. El acceso de los ciudadanos a los archivos y registros administrativos se regulará por ley:

a) En todos los casos.
b) En todos los casos salvo lo establecido por la Ley Orgánica que regula el Código Penal, 10/1995.
c) Salvo en lo que afecte a la seguridad y defensa del Estado, la averiguación de los delitos y la intimidad de las personas.
d) En ningún caso.

65. ¿Qué establece el artículo 103 de la Constitución Española?

a) El acceso de los ciudadanos a los archivos y registros administrativos.
b) La autonomía de las distintas Administraciones Públicas.
c) Los principios bajo los que actúa la Administración Pública.
d) Valores superiores de la Administración.

66. ¿A quién le corresponde ejercer la potestad reglamentaria de acuerdo con la Constitución y las leyes?

a) Al Congreso de los Diputados.
b) Al Senado.
c) Al Gobierno.
d) Al Presidente del Gobierno exclusivamente.

67. Declarado el estado de alarma:

a) Se dará cuenta al Consejo de Ministros, sin cuya autorización no podrá ser prorrogado el plazo inicial.
b) Se dará cuenta al Rey, sin cuya autorización no podrá ser prorrogado el plazo inicial de duración.
c) Se dará cuenta al Congreso de los Diputados, sin cuya autorización no podrá ser prorrogado dicho plazo.
d) Se dará cuenta al Congreso de los Diputados, siendo improrrogable el plazo inicialmente marcado para la duración del estado de alarma.

68. La moción de censura no podrá ser votada hasta que, desde su presentación, hayan transcurrido:

a) Cinco días.
b) Siete días.
c) Diez días.
d) Treinta días.

69. El ámbito territorial, duración y condiciones del estado de sitio serán determinados por:

a) Las Cortes Generales.
b) El Congreso.
c) El Rey.
d) El Gobierno.

70. El Estado de alarma:

a) Será declarado por el Gobierno mediante decreto acordado en Consejo de Ministros, previa autorización del Congreso de los Diputados.
b) Será declarado por el Gobierno mediante decreto acordado en Consejo de Ministros por un plazo máximo de quince días, dando cuenta al Congreso de los Diputados, reunido inmediatamente al efecto y sin cuya autorización no podrá ser prorrogado dicho plazo.
c) Será declarado por el Gobierno mediante decreto acordado en Consejo de Ministros por un plazo máximo de quince días, previa autorización del Congreso de los Diputados, reunido inmediatamente al efecto y sin cuya autorización no podrá ser prorrogado dicho plazo.
d) Será declarado por la mayoría absoluta del Congreso de los Diputados, a propuesta exclusiva del Gobierno.

71. ¿Qué mayoría es necesaria para que se entienda aprobada una moción de censura?

a) Mayoría simple.
b) Mayoría absoluta.
c) Mayoría de 2/3.
d) Mayoría de 1/3.

72. La responsabilidad solidaria del Gobierno de la Nación ante el Congreso de los Diputados es de carácter:

a) Judicial.
b) Administrativo.
c) Político.
d) De los tres tipos anteriores.

73. La responsabilidad del Gobierno de la Nación ante el Senado es:

a) Mancomunada.
b) Individual.
c) Solidaria.
d) Inexistente.

74. El tiempo mínimo previsto para interpelaciones en las Cortes Generales al Gobierno de la Nación es:

a) Semanal.
b) Trimestral.
c) Mensual.
d) En cada período de sesiones.

75. El pronunciamiento sobre la cuestión de confianza es competencia del/de las:

a) Congreso de los Diputados exclusivamente.
b) Senado cuando se plantee ante él.
c) Congreso de los Diputados y Senado.
d) Propio Gobierno de la Nación.

76. La cuestión de confianza se plantea por el:

a) Presidente del Gobierno de la Nación.
b) Gobierno de la Nación en sí.
c) Congreso de los Diputados.
d) Cualquier Ministro.

77. Respecto al planteamiento de la cuestión de confianza, el Consejo de Ministros:

a) Decide.
b) Debe dictaminarlo favorablemente.

c) Delibera.
d) No tiene nada que hacer.

78. Los signatarios de una moción de censura no pueden presentar otra en el/la:

a) Misma legislatura.
b) Mismo período de sesiones.
c) Ningún momento.
d) Misma Cámara.

79. La declaración del estado de alarma lo es por el/las:

a) Cortes Generales.
b) Gobierno de la Nación, por quince días.
c) Congreso de los Diputados, por treinta días.
d) Gobierno de la Nación, por treinta días prorrogables por el Congreso de los Diputados.

80. Para los supuestos de graves alteraciones de orden público está previsto declarar el estado de:

a) Excepción.
b) Sitio.
c) Alarma.
d) Ninguno de ellos.

81. La declaración del estado de sitio se realiza por el/las:

a) Congreso de los Diputados por mayoría absoluta.
b) Gobierno de la Nación, previa autorización del Congreso de los Diputados.
c) Cortes Generales.
d) Senado por mayoría simple, a propuesta del Gobierno de la Nación.

82. La justicia se administra en nombre del:

a) Juez o Tribunal que la imparta.
b) Pueblo español.
c) Rey.
d) Justiciable.

83. El titular de la Justicia es el/los:

a) Poder Judicial.
b) Rey.
c) Pueblo soberano.
d) Jueces y Tribunales.

84. El artículo 117 de la Constitución no incluye como característica de los Jueces y Magistrados la:

a) Independencia.
b) Responsabilidad.
c) Inamovilidad.
d) Incluye a todas ellas.

85. La ejecución de lo juzgado es competencia genuina de la/los:

a) Juzgados y Tribunales.
b) Consejo General del Poder Judicial.
c) Policía Judicial.
d) Administración Pública.

86. Los supuestos de suspensión o movilidad de los Jueces deben estar establecidos en un/una/la:

a) Ley.
b) Reglamento.
c) Instrucción del Consejo General del Poder Judicial.
d) Constitución.

87. Según la Constitución, el procedimiento en el ámbito de la administración de justicia debe ser:

a) Gratuito siempre.
b) Predominantemente oral.
c) En audiencia pública.
d) Motivado.

88. La colaboración con los Jueces y Tribunales por los particulares es obligatoria:

a) En el proceso.
b) Antes del procesamiento.
c) Solo cuando no exista Policía Judicial.
d) En todo caso.

89. Los Jueces y Tribunales deben elevar al Tribunal Constitucional:

a) La cuestión de inconstitucionalidad.
b) El recurso de inconstitucionalidad.
c) La inconstitucionalidad de las normas reglamentarias.
d) Todo lo anterior.

90. Por funcionamiento anormal de la Administración de Justicia debe responder el/la:

a) Propia Administración.
b) Ministerio de Justicia solamente.
c) Estado.
d) Nadie.

91. La cúspide de la jurisdicción en España la ostenta el:

a) Consejo General del Poder Judicial.
b) Ministerio Fiscal.
c) Tribunal Constitucional.
d) Tribunal Supremo.

92. La misión de velar por la independencia de los Tribunales y procurar ante estos la satisfacción del interés social es propia del/de los:

a) Poder Judicial.
b) Consejo General del Poder Judicial.
c) Ministerio Fiscal.
d) Jueces y Tribunales.

93. El jurado no intervendrá en procesos:

a) De ningún tipo.
b) Penales.
c) Residenciados en Audiencias Provinciales.
d) Civiles.

94. El Jurado en los Tribunales consuetudinarios:

a) No existe.
b) Existe.
c) Ejerce la acción popular.
d) Se integra por Jueces y Magistrados.

95. Un Policía Local actuará como Policía Judicial:

a) En todo caso.
b) Nunca.
c) Cuando se le requiera al efecto.
d) Previa autorización de su Alcalde.

96. La afiliación sindical de Jueces y Magistrados está:

a) Prohibida.
b) Permitida.
c) Legalizada.
d) Admitida, si media consentimiento del Consejo General del Poder Judicial.

97. A efectos judiciales no se constituye como división del Estado el/la:

a) Comunidad Autónoma.
b) Municipio.
c) Partido Judicial.
d) Lo son todos ellos.

98. El Partido Judicial se integra por:

a) Uno o más Municipios.
b) Un solo Municipio o Provincia.
c) Una o más Provincias.
d) Una Comunidad Autónoma.

99. No existe Tribunal Militar Territorial en:

a) Sevilla.
b) La Coruña.
c) Las Palmas.
d) Barcelona.

100. Tampoco existe Tribunal Militar Territorial en:

a) Sevilla.
b) Baleares.
c) Madrid.
d) Santa Cruz de Tenerife.

101. El segundo escalón de la Jurisdicción Militar lo constituye el/la/los:

a) Tribunal Militar Central.
b) Tribunales Militares Territoriales.
c) Juzgados Togados Militares.
d) Sala de lo Militar del Tribunal Supremo.

102. La jurisdicción del Tribunal Supremo abarca a:

a) Todas las materias.
b) Las actividades de las Cortes Generales.

c) Todo el territorio nacional.
d) Las cuestiones constitucionales.

103. La Sala de lo Militar en el Tribunal Supremo es la:

a) Sexta.
b) Quinta.
c) Cuarta.
d) No existe como tal.

104. En el Tribunal Supremo, la Sala Cuarta se dedica a lo:

a) Penal.
b) Contencioso-Administrativo.
c) Militar.
d) Social.

105. Con su Presidente, integran el Consejo General del Poder Judicial los siguientes miembros:

a) Doce.
b) Veintiuno.
c) Veinte.
d) Trece.

106. Actualmente, el Congreso de los Diputados propone los siguientes miembros del Consejo General del Poder Judicial:

a) Cuatro.
b) Doce.
c) Diez.
d) Seis.

107. En materia de modificación de plantillas orgánicas de Jueces y Magistrados, el Consejo General del Poder Judicial:

a) Decide.
b) Informa posteriormente.
c) Informa previamente.
d) Propone en todo caso.

108. Los veinte Vocales del Consejo General del Poder Judicial serán designados por:

a) Las Cortes Generales.
b) El Gobierno de la Nación.

c) Las respuestas a) y b) son correctas.
d) El Tribunal Constitucional, en parte.

109. No es órgano del Consejo General del Poder Judicial las/el/la:

a) Pleno.
b) Secciones.
c) Comisión de Asuntos Económicos.
d) Comisión Permanente.

110. El Vicepresidente en el Consejo General del Poder Judicial:

a) Es un cargo facultativo.
b) Existe siempre.
c) Se elige por la Comisión Permanente.
d) No existe como tal órgano.

111. Los miembros del Ministerio Fiscal se integran en:

a) Un Cuerpo único.
b) Una estructura no jerarquizada.
c) Una sola categoría.
d) Categorías independientes.

112. Los principios con arreglo a los cuales han de ejercer sus funciones los miembros del Ministerio Fiscal son los de:

a) Igualdad y legalidad.
b) Imparcialidad e igualdad.
c) Imparcialidad y legalidad.
d) Legalidad y dependencia.

113. El Consejo General del Poder Judicial, respecto al nombramiento del Fiscal General del Estado:

a) Es quien lo nombra.
b) Debe ser oído por el Gobierno antes de su nombramiento.
c) No tiene atribuciones.
d) Emite dictamen preceptivo respecto a su nombramiento.

114. Según la Constitución Española, arbitra y modera el funcionamiento regular de las instituciones:

a) El Presidente del Gobierno.
b) El Rey.

c) El Estado.
d) Los tribunales de Justicia.

115. Las abdicaciones y renuncias y cualquier duda de hecho o de derecho que ocurra en el orden de sucesión a la Corona se resolverán:

a) Por ley.
b) Por decreto ley.
c) Por decisión de las Cortes Generales.
d) Por ley orgánica.

116. Si no hubiese a quien corresponda la Regencia, esta será nombrada por:

a) Las Cortes Generales.
b) El Congreso de los Diputados.
c) El Senado.
d) El Gobierno.

117. No necesita de refrendo:

a) Declarar la guerra y hacer la paz.
b) Expedir los decretos acordados en Consejo de Ministros.
c) Nombrar y relevar a los miembros civiles y militares de la Casa Real.
d) Todos los actos del Rey necesitan refrendo.

118. ¿A quién corresponde manifestar el consentimiento del Estado para obligarse por medio de tratados?

a) Al Rey.
b) Al Gobierno.
c) Al Estado.
d) Al Presidente del Gobierno.

119. La tutoría del Rey puede recaer en:

a) Cualquier persona nombrada por las Cortes Generales, en su caso.
b) Sus hijos.
c) Una, tres o cinco personas.
d) Nada de lo anterior es cierto.

120. Una hija del Príncipe de Asturias ostentará este tratamiento:

a) Cuando su padre acceda a la condición de Rey, si es la primogénita, aunque tenga hermanos varones.
b) Al morir su padre.

c) Al acceder a Rey su padre, si no tiene hermano varón.
d) Cuando delegue en ella el propio Príncipe.

121. La Regencia se ejerce:

a) Por mandato del Rey.
b) En nombre de este.
c) Por mandato constitucional.
d) Las respuestas b) y c) son correctas.

122. La dirección de la defensa del Estado es competencia genuina del/de las:

a) Rey.
b) Fuerzas Armadas.
c) Gobierno de la Nación.
d) Todos ellos.

123. El refrendo de los actos del Rey está íntimamente relacionado con:

a) Su irresponsabilidad política.
b) Su inhabilitación.
c) La Regencia.
d) Sus poderes discrecionales.

124. En caso de que el Rey sea menor de edad:

a) No tomará posesión de su cargo hasta su mayoría de edad.
b) Ejercerá la Regencia el Príncipe heredero.
c) Ejercerá la Regencia su cónyuge.
d) Nada de lo anterior es cierto.

125. Si el Príncipe heredero tuviera descendientes y renunciara a sus derechos al trono:

a) Su cónyuge ejercería la Regencia hasta que su primogénito varón fuere mayor de edad.
b) Su cónyuge ejercería la Regencia hasta que dicho primogénito fuera proclamado Rey.
c) Se nombraría Princesa heredera a su hermana mayor, si la hubiere.
d) Nada de lo anterior es cierto.

126. La presidencia por el Rey de las reuniones del Consejo de Ministros:

a) Se permite solo respecto de las decisorias.
b) Ha de efectuarse a petición del Presidente del Gobierno de la Nación.

c) Está prevista constitucionalmente para dirigir la Administración Civil y Militar.
d) Las respuestas a) y b) son ciertas.

127. El juramento lo prestará el Rey ante el/las:

a) Cortes Generales.
b) Gobierno de la Nación.
c) Miembros de la Familia Real.
d) Pueblo español.

128. Si se agotan todas las líneas llamadas a la sucesión en la Corona de España, se:

a) Nombran Regentes.
b) Proveerá a la sucesión en la Corona por las Cortes Generales.
c) Proclama la República.
d) Establece una Dictadura.

129. La inhabilitación del Rey se reconoce por el/los/las:

a) Gobierno de la Nación.
b) Congreso de los Diputados.
c) Cortes Generales.
d) Tres Poderes constitucionales.

130. El Regente nombrado en defecto de padre, madre, pariente mayor de edad o Príncipe heredero mayor de edad se designa por el/las:

a) Propio Rey.
b) Cortes Generales.
c) Congreso de los Diputados.
d) Consejo de Regencia.

131. Las Cámaras se reúnen en sesiones:

a) Ordinarias y extraordinarias.
b) Simples o conjuntas.
c) Ordinarias, extraordinarias y conjuntas.
d) Ordinarias, extraordinarias y de urgencia.

132. Para adoptar acuerdos, las Cámaras deben estar reunidas reglamentariamente y con asistencia de la mayoría de sus miembros. Dichos acuerdos, para ser válidos, deberán ser aprobados:

a) Por la mayoría de los miembros presentes.
b) Por mayoría absoluta de sus miembros.

c) Por los 3/5 de cada una de las Cámaras.
d) Por los 2/3 del conjunto de las Cámaras.

133. ¿En qué plazo deberá ser convocado el Congreso electo tras la celebración de elecciones?

a) Entre los 30 y 60 días siguientes.
b) Dentro de los 25 días siguientes.
c) Entre los 10 y 30 días siguientes.
d) Dentro de los 30 días siguientes.

134. En las causas contra Diputados y Senadores será competente:

a) La Sala de lo Civil del Tribunal Supremo.
b) La Sala de lo Social del Tribunal Supremo.
c) La Sala de lo Contencioso-Administrativo del Tribunal Supremo.
d) La Sala de lo Penal del Tribunal Supremo.

135. Las Diputaciones Permanentes estarán presididas por:

a) El diputado de mayor edad.
b) El diputado del grupo parlamentario más numeroso.
c) El Presidente del Gobierno.
d) El Presidente de la Cámara respectiva.

136. ¿Cuántos Senadores corresponderán a Menorca?

a) 1.
b) 2.
c) 3.
d) 4.

137. El número mínimo de Diputados previstos para el Congreso de los Diputados es de:

a) 250.
b) 300.
c) 400.
d) 350.

138. No es incompatible para ser elegido Diputado del Congreso de los Diputados un:

a) Militar en activo.
b) Miembro de una Junta Electoral.

c) Juez.
d) Ministro.

139. La Palma elige los siguientes Senadores:

a) Ninguno.
b) Dos.
c) Uno.
d) Cuatro.

140. La declaración del estado de sitio debe hacerla el/las:

a) Gobierno de la Nación.
b) Rey.
c) Congreso de los Diputados.
d) Presidente del Gobierno de la Nación.

141. El Presidente de la Diputación Permanente del Congreso de los Diputados es el:

a) Del partido mayoritario.
b) Portavoz del partido con mayor número de escaños.
c) Presidente de la Cámara.
d) Elegido por los Portavoces de los Grupos Parlamentarios.

142. El mínimo de miembros integrantes de una Comisión de Investigación según el artículo 76 de la Constitución es de:

a) Veintiuno.
b) Mayoría simple.
c) Mayoría absoluta.
d) No se establece.

143. No puede solicitar la celebración de una sesión extraordinaria de las Cortes Generales el/la:

a) Mayoría absoluta de sus miembros.
b) Diputación Permanente de ellas.
c) Mesa de cada Cámara.
d) Gobierno de la Nación.

144. El primer período de sesiones de las Cámaras concluye, según la Constitución:

a) Al finalizar su mandato.
b) En enero.

c) En diciembre.
d) En junio.

145. No puede delegarse en una Comisión Legislativa Permanente la posibilidad de aprobar una Ley:

a) Tributaria.
b) De funcionarios públicos.
c) Orgánica.
d) Las respuestas a) y c) son correctas.

Solución al test n.º 1

1. b) En la indisoluble unidad de la Nación española.

2. c) Tienen el deber de conocer y el derecho de usar el castellano.

3. d) De las nacionalidades y regiones que la integran.

4. d) Las respuestas b) y c) son correctas.

5. a) Aprobada por las Cortes el 31 de octubre de 1978, ratificada por el pueblo en referéndum el 6 de diciembre de 1978 y publicada el 29 de diciembre de 1978.

6. b) En el Preámbulo.

7. a) El Rey.

8. d) Ningún español de origen podrá ser privado de su nacionalidad.

9. d) La dignidad de la persona, los derechos inviolables que le son inherentes, el libre desarrollo de su personalidad, el respeto a la ley y a los derechos de los demás.

10. b) El pluralismo político.

11. c) Monarquía parlamentaria.

12. b) Parte orgánica.

13. c) Reside en el pueblo español.

14. b) En el Título Preliminar.

15. a) Consensuada.

16. d) Todas las respuestas son correctas.

17. b) Los delitos políticos.

18. c) Su funcionamiento y estructura interna.

19. b) De cinco.

20. c) Que está limitado por la función social de la misma.

21. b) Igualdad y progresividad.

22. d) Nada de lo expuesto es cierto.

23. b) Aconfesional.

24. c) 15.

25. a) Ha quedado abolida.

26. a) Detención ilegal.

27. b) No dilatarse.

28. c) Puede efectuarse en todo momento.

29. b) Se necesitará autorización judicial para entrar, si no da su consentimiento para ello.

30. c) Sería inconstitucional.

31. b) Universal.

32. c) Secreto profesional.

33. c) Organizaciones Profesionales y la Administración Civil.

34. c) No declarar sobre hechos presuntamente delictivos.

35. a) Es libre.

36. a) No se admite.

37. b) Progresivo y generalizado.

38. a) Entidades constituidas para fines de interés general.

39. b) Es un deber de los padres.

40. a) Debe evitarse.

41. b) Investigación científica.

42. b) Negociación colectiva.

43. d) Lo están todos ellos.

44. b) Enseñanza.

45. c) Asistencia de Letrado.

46. b) Inviolabilidad del domicilio.

47. a) De los derechos y deberes fundamentales.

48. d) En los artículos 15 a 29.

49. d) Ninguna es correcta.

50. b) 35 Diputados.

51. a) La moción de censura no podrá ser votada hasta que transcurran cinco días desde su presentación.

52. c) El Presidente del Gobierno.

53. a) Mayoría simple.

54. c) Solidariamente ante el Congreso.

55. a) La moción de censura.

56. b) La propuesta de disolución de las Cortes.

57. c) Solidario.

58. b) Siempre que lo deseen.

59. a) Sí.

60. b) El Rey.

61. b) 48 horas.

62. c) Simple.

63. a) Absoluta.

64. c) Salvo en lo que afecte a la seguridad y defensa del Estado, la averiguación de los delitos y la intimidad de las personas.

65. c) Los principios bajo los que actúa la Administración Pública.

66. c) Al Gobierno.

67. c) Se dará cuenta al Congreso de los Diputados, sin cuya autorización no podrá ser prorrogado dicho plazo.

68. a) Cinco días.

69. b) El Congreso.

70. b) Será declarado por el Gobierno mediante decreto acordado en Consejo de Ministros por un plazo máximo de quince días, dando cuenta al Congreso de los Diputados, reunido inmediatamente al efecto y sin cuya autorización no podrá ser prorrogado dicho plazo.

71. b) Mayoría absoluta.

72. c) Político.

73. d) Inexistente.

74. a) Semanal.

75. a) Congreso de los Diputados exclusivamente.

76. a) Presidente del Gobierno de la Nación.

77. c) Delibera.

78. b) Mismo período de sesiones.

79. b) Gobierno de la Nación, por quince días.

80. a) Excepción.

81. a) Congreso de los Diputados por mayoría absoluta.

82. c) Rey.

83. c) Pueblo soberano.

84. d) Incluye a todas ellas.

85. a) Juzgados y Tribunales.

86. a) Ley.

87. b) Predominantemente oral.

88. a) En el proceso.

89. a) La cuestión de inconstitucionalidad.

90. c) Estado.

91. d) Tribunal Supremo.

92. c) Ministerio Fiscal.

93. d) Civiles.

94. a) No existe.

95. c) Cuando se le requiera al efecto.

96. a) Prohibida.

97. d) Lo son todos ellos.

98. a) Uno o más Municipios.

99. c) Las Palmas.

100. b) Baleares.

101. a) Tribunal Militar Central.

102. c) Todo el territorio nacional.

103. b) Quinta.

104. d) Social.

105. b) Veintiuno.

106. c) Diez.

107. c) Informa previamente.

108. a) Las Cortes Generales.

109. b) Secciones.

110. d) No existe como tal órgano.

111. a) Un Cuerpo único.

112. c) Imparcialidad y legalidad.

113. b) Debe ser oído por el Gobierno antes de su nombramiento.

114. b) El Rey.

115. d) Por ley orgánica.

116. a) Las Cortes Generales.

117. c) Nombrar y relevar a los miembros civiles y militares de la Casa Real.

118. a) Al Rey.

119. a) Cualquier persona nombrada por las Cortes, en su caso.

120. c) Al acceder a Rey su padre, si no tiene hermano varón.

121. d) Las respuestas b) y c) son correctas.

122. c) Gobierno de la Nación.

123. a) Su irresponsabilidad política).

124. d) Nada de lo anterior es cierto.

125. c) Se nombraría Princesa heredera a su hermana mayor, si la hubiere.

126. b) Ha de efectuarse a petición del Presidente del Gobierno de la Nación.

127. a) Cortes Generales).

128. b) Proveerá a la sucesión en la Corona por las Cortes Generales.

129. c) Cortes Generales.

130. b) Cortes Generales.

131. c) Ordinarias, Extraordinarias y Conjuntas (ver apartado 3.7.1).

132. a) Por la mayoría de los miembros presentes.

133. b) Dentro de los 25 días siguientes.

134. d) La Sala de lo Penal del Tribunal Supremo.

135. d) El Presidente de la Cámara respectiva.

136. a) 1.

137. b) 300.

138. d) Ministro.

139. c) Uno.

140. c) Congreso de los Diputados.

141. c) Presidente de la Cámara.

142. d) No se establece.

143. c) Mesa de cada Cámara.

145. c) En diciembre.

145. c) Orgánica.

Organización territorial del Estado. Los Estatutos de Autonomía. Especial referencia al Estatuto de Autonomía de la Comunidad Valenciana. Principios generales y su organización

1. No pueden constituirse en Comunidades Autónomas los territorios:

a) Que no estén integrados en la organización provincial.
b) Que, no siendo superiores a una Provincia, tengan entidad regional histórica.
c) Que, no siendo superiores a una Provincia, no tengan entidad regional histórica.
d) Interinsulares.

2. La vía ordinaria de acceso a la autonomía por el artículo 143 de la Constitución se sigue por los/las:

a) Provincias con entidad regional histórica.
b) Territorios que en el pasado hubieren plebiscitado afirmativamente proyecto de Estatuto de Autonomía.
c) Provincia sin entidad regional histórica directamente.
d) Supuestos especiales de Ceuta, Melilla y Gibraltar.

3. Entre las determinaciones de los Estatutos de Autonomía no es necesario incluir la:

a) Delimitación de su territorio.
b) Denominación de las instituciones autónomas propias.
c) Denominación de la Comunidad.
d) Denominación, organización y sede de sus instituciones administrativas.

4. En las Comunidades Autónomas que siguen la vía común, el Proyecto de Estatuto será elaborado por la/los:

a) Asamblea de Parlamentarios que se constituye al efecto.
b) Comisión Constitucional del Congreso de los Diputados.
c) Diputación Provincial correspondiente.
d) Miembros de la Diputación u órgano interinsular y por los Diputados y Senadores elegidos por ellas.

5. El voto de ratificación por los Plenos del Senado y del Congreso de los Diputados se dará en el/las:

a) Comunidades Autónomas que siguen la vía común.
b) Comunidades Autónomas que siguen la vía especial.
c) Acceso a la autonomía de Ceuta y Melilla.
d) Acceso a la autonomía de Gibraltar.

6. La responsabilidad política del Presidente de una Comunidad Autónoma se exige por el/la:

a) Sala de lo Penal del Tribunal Supremo.
b) Congreso de los Diputados.
c) Tribunal Superior de Justicia de la Comunidad Autónoma.
d) Asamblea Legislativa de la Comunidad Autónoma.

7. La Asamblea Legislativa de las Comunidades Autónomas se elige:

a) Con criterios de representación territorial.
b) Con criterios de representación proporcional.
c) Por sufragio individual.
d) Con criterios de representación provincial.

8. Con el fin de corregir los desequilibrios económicos interterritoriales y hacer efectivo el principio de solidaridad, se constituye:

a) El Fondo de Compensación Interterritorial.
b) El Comité Económico Interterritorial.
c) El Consejo de Política Fiscal y Financiera.
d) El FASI.

9. Los Estatutos de Autonomía deberán contener el/la/las:

a) Competencias que se dejan al Estado y las que asume la Comunidad.
b) Competencias que, en función de la Constitución, asume cada Comunidad Autónoma.
c) Desarrollo de la Administración Autonómica.
d) División provincial y órganos de gobierno.

10. En la reforma de los Estatutos intervienen las Cortes Generales:

a) Siempre.
b) Nunca.
c) Solo cuanto se trata de Comunidades Autónomas que accedieron por la vía común.
d) En las Comunidades Autónomas de vía especial exclusivamente.

11. Los miembros de las Diputaciones u órganos interinsulares intervienen en la elaboración de los Estatutos de Autonomía:

a) En todo caso.
b) Nunca.
c) En las Comunidades Autónomas de vía común.
d) En las Comunidades Autónomas de vía especial.

12. Los Estatutos de Autonomía en la vía común se aprueban por el:

a) Congreso de los Diputados mediante ley orgánica.
b) Congreso de los Diputados y Senado por ley orgánica.
c) Congreso de los Diputados y Senado por ley ordinaria.
d) Parlamento Autonómico solamente.

13. La más alta representación de una Comunidad Autónoma la ostenta el:

a) Presidente del Parlamento Autonómico.
b) Presidente de la Comunidad Autónoma.
c) Rey.
d) Presidente del Gobierno de la Nación.

14. La asunción de competencias y de mayor autonomía por las Comunidades Autónomas es, como regla general:

a) Regresiva.
b) Progresiva.
c) Automática.
d) Inmediata.

15. En la elaboración por la vía común de los Estatutos de Autonomía:

a) No intervienen los Municipios afectados.
b) Intervendrán en todo caso.
c) Solo intervienen las Diputaciones Provinciales u órganos interinsulares.
d) Solo intervienen los Municipios y los Diputados y Senadores.

16. El principio de solidaridad consagrado por el artículo 138 de la Constitución exige una atención especial a:

a) Las Comunidades Autónomas de economía más deprimida.
b) Las Entidades de ámbito territorial inferior al municipal.
c) Todas las partes del territorio nacional.
d) Las Islas.

17. La federación de Comunidades Autónomas, según la Constitución:

a) Solo se permite respecto de las limítrofes.
b) Requiere Ley Orgánica de las Cortes Generales.
c) Ha de efectuarse previa reforma de la propia Constitución.
d) Está absolutamente prohibida.

18. ¿Cuál de las siguientes no es función de Les Corts?

a) Exigir la responsabilidad política de un Conseller.
b) Controlar la acción del Consell.
c) Controlar parlamentariamente a la Administración que esté bajo la autoridad de la Generalitat.
d) Interponer recursos de inconstitucionalidad.

19. ¿Cuál de las siguientes no es función de Les Corts?

a) Crear comisiones especiales de investigación.
b) Nombrar al President de la Generalitat.
c) Aprobar las emisiones de deuda pública.
d) Solicitar al Gobierno del Estado la adopción de proyectos de ley.

20. La iniciativa legislativa de Les Corts será ejercida por:

a) Los grupos parlamentarios, exclusivamente.
b) Únicamente por los diputados y diputadas.
c) Por el Consell, los diputados y diputadas de Les Corts, y los grupos parlamentarios de Les Corts.
d) Por el Consell exclusivamente.

21. El Reglamento de Les Corts:

a) Es una norma de rango inferior a ley.
b) Es una norma de rango equivalente al Estatuto de Autonomía.
c) Es una norma administrativa.
d) Tiene rango de ley.

22. El aforamiento de un Diputado o Diputada de Les Corts:

a) Supone la inviolabilidad del mismo.
b) Se extiende a responsabilidad penal y civil.
c) Supone la inmunidad del mismo.
d) Supone que su responsabilidad penal o civil será exigida siempre ante el Tribunal Superior de Justicia de la Comunitat Valenciana.

23. El President de la Generalitat podrá disolver Les Corts:

a) En la forma que determine el Estatuto de Autonomía.
b) En la forma que determine la Ley del Consell.
c) En la forma que determine la Ley Electoral Valenciana.
d) En la forma que determine el Reglamento de Les Corts.

24. Para que Les Corts celebren sesiones en lugar distinto a su sede oficial:

a) Se precisará conformidad del Consell.
b) Se precisa decisión en tal sentido del Consell y de los órganos de gobierno de Les Corts.
c) Se necesita decisión en tal sentido del Presidente del Consell.
d) Se precisa decisión en tal sentido de los órganos de gobierno de Les Corts.

25. Para determinados efectos, el mandato de los Diputados de Les Corts concluye:

a) El día en que se convocan las elecciones.
b) El día en que se celebran las elecciones.
c) El día de antes al de celebración de las elecciones.
d) El día siguiente al que se convocan las elecciones.

26. Las sesiones del Pleno de Les Corts:

a) Tienen que ser públicas salvo en los supuestos en que la ley permita lo contrario.
b) Tienen que ser públicas.
c) Tienen que ser públicas salvo en los supuestos en que el Reglamento de Les Corts permita lo contrario.
d) Tienen que ser públicas salvo en las materias en que el Estatuto de Autonomía permite lo contrario.

27. La denominación del Título III del Estatuto de Autonomía es:

a) La Generalitat
b) Los órganos de la Generalitat.
c) El Gobierno de la Generalitat.
d) Instituciones de la Comunidad Valenciana.

28. Según el Estatuto de Autonomía, ¿qué número de votos deberá haber obtenido el partido, federación, agrupación de electores o coalición que se hayan presentado a las elecciones para poder ser proclamados diputados electos de Les Corts?

a) El 5% de los votos de la Comunidad.
b) El 3% de los votos de su circunscripción electoral.
c) El número de votos que determine la Ley Electoral Valenciana.
d) El 5% de los votos de su circunscripción electoral.

29. El Título III del Estatuto de Autonomía:

a) No tiene Capítulos.
b) Tiene 5 Capítulos.
c) Tiene 3 Capítulos.
d) Tiene 7 Capítulos.

30. Las leyes de la Generalitat son promulgadas:

a) Por el President de la Generalitat.
b) Por el Presidente de Les Corts.
c) Por el Rey.
d) Por el Consell.

31. Les Corts podrán:

a) Presentar en la Mesa del Congreso proyectos de ley y nombrar a los diputados encargados de defenderlas.
b) Solicitar al Gobierno del Estado que este realice un proyecto de ley.
c) Presentar, ante cualquiera de las Cámaras de las Cortes Generales, proyectos de ley y nombrar a los diputados encargados de defenderlas.
d) Remitir al Gobierno del Estado proyectos de ley.

32. El Título III del Estatuto de Autonomía comprende los artículos:

a) 25 a 49, inclusive.
b) 20 a 48, inclusive.
c) 24 a 52, inclusive.
d) 31 a 62, inclusive.

33. La convocatoria de una sesión extraordinaria de Les Corts se realiza por:

a) El Presidente de Les Corts.
b) El Consell.
c) El President de la Generalitat.
d) La Diputación Permanente de Les Corts.

34. Los acuerdos de Les Corts:

a) Se tomarán por mayoría absoluta salvo que el Reglamento de las mismas disponga lo contrario.
b) Se tomarán siempre por mayoría absoluta o por mayoría simple.
c) Se tomarán por mayoría simple, salvo que la ley disponga otra cosa.
d) Se tomarán por mayoría simple, salvo que una disposición expresamente disponga otra cosa.

35. Los firmantes de una moción de censura que no resulte aprobada:

a) No pondrán presentar otra en el mismo año.
b) No podrán votar la siguiente que presente su grupo parlamentario en ese mandato.
c) No podrán presentar otra en el mismo periodo de sesiones.
d) No podrán presentar otra en el mismo año.

36. La proposición a Les Corts de candidato a President de la Generalitat se realizará:

a) Por los grupos parlamentarios.
b) Por el Presidente de Les Corts.
c) Por los partidos políticos con representación en Les Corts.
d) Por los grupos políticos existentes en Les Corts.

37. Si la moción de censura presentada es aprobada:

a) El candidato será nombrado President de la Generalitat.
b) El candidato se someterá a la votación de investidura.
c) El candidato solicitará la ratificación por Les Corts.
d) El candidato disolverá Les Corts, dentro del plazo marcado legalmente, y convocará elecciones.

38. El plazo para repetir la votación de nombramiento de President de la Generalitat, si en la primera no consigue la mayoría absoluta:

a) Es el mismo plazo que dispone en el Estatuto para presentar mociones de censura alternativas.
b) Es de 72 horas.
c) Es el mismo plazo que dispone el Estatuto de espera antes de votar la moción de censura.
d) Es de 48 horas.

39. El debate de elección de President de la Generalitat se realizará:

a) Conforme a las normas determinadas en el Reglamento de Les Corts.
b) Conforme a las normas determinadas en la Ley de Gobierno Valenciano.
c) Tal como determine libremente el Presidente de Les Corts.
d) Tal como determine la ley estatal aplicable.

40. Para que el Presidente del Consell presente cuestión de confianza:

a) Se precisa autorización de Les Corts.
b) Se precisa celebración de reunión y deliberación del Consell.

c) No se precisa otro requisito que la voluntad libre del Presidente.

d) Se precisará mayoría simple de Les Corts.

41. ¿Cuál de las siguientes afirmaciones es cierta?

a) La responsabilidad penal del Presidente del Consell se exige de la misma forma que la de los Diputados de Les Corts.

b) Al Presidente del Consell no se le puede exigir responsabilidad civil alguna.

c) El Presidente del Consell no es aforado.

d) La responsabilidad penal del Presidente del Consell, se exige de la misma forma que a los miembros del Consell.

Solución al test n.º 2

1. d) Interinsulares.

2. a) Provincias con entidad regional histórica.

3. d) Denominación, organización y sede de sus instituciones administrativas.

4. d) Miembros de la Diputación u órgano interinsular y por los Diputados y Senadores elegidos por ellas.

5. b) Comunidades Autónomas que siguen la vía especial.

6. d) Asamblea Legislativa de la Comunidad Autónoma.

7. b) Con criterios de representación proporcional.

8. a) El Fondo de Compensación Interterritorial.

9. b) Competencias que, en función de la Constitución, asume cada Comunidad Autónoma.

10. a) Siempre.

11. c) En las Comunidades Autónomas de vía común.

12. b) Congreso de los Diputados y Senado por ley orgánica.

13. b) Presidente de la Comunidad Autónoma.

14. b) Progresiva.

15. a) No intervienen los Municipios afectados.

16. d) Las Islas.

17. d) Está absolutamente prohibida.

18. a) Exigir la responsabilidad política de un Conseller.

19. b) Nombrar al President de la Generalitat.

20. c) Por el Consell, los diputados y diputadas de Les Corts, y los grupos parlamentarios de Les Corts.

21. d) Tiene rango de ley.

22. b) Se extiende a responsabilidad penal y civil.

23. b) En la forma que determine la Ley del Consell.

24. d) Se precisa decisión en tal sentido de los órganos de gobierno de Les Corts.

25. c) El día de antes al de celebración de las elecciones.

26. c) Tienen que ser públicas salvo en los supuestos en que el Reglamento de Les Corts permita lo contrario.

27. a) La Generalitat.

28. c) El número de votos que determine la Ley Electoral Valenciana.

29. d) Tiene 7 Capítulos.

30. a) Por el President de la Generalitat.

31. b) Solicitar al Gobierno del Estado que este realice un proyecto de ley.

32. b) 20 a 48, inclusive.

33. a) El President de Les Corts.

34. d) Se tomarán por mayoría simple, salvo que una disposición expresamente disponga otra cosa.

35. c) No podrán presentar otra en el mismo periodo de sesiones.

36. b) Por el President de Les Corts.

37. a) El candidato será nombrado President de la Generalitat.

38. d) Es de 48 horas.

39. a) Conforme a las normas determinadas en el Reglamento de Les Corts.

40. b) Se precisa celebración de reunión y deliberación del Consell.

41. a) La responsabilidad penal del President del Consell se exige de la misma forma que la de los diputados de Les Corts.

TEST N.º 3

**El Municipio. El término municipal. La población.
Consideración especial del vecino.
Información y participación ciudadana**

1. Entre las potestades y prerrogativas que tienen los municipios se encuentran:

a) La tributaria y financiera.
b) De revisión de oficio de sus actos y acuerdos.
c) Expropiatoria.
d) Todas las respuestas son correctas.

2. Los elementos del Municipio son:

a) El territorio, la población y la financiación.
b) El territorio, las instituciones y la organización.
c) La organización, la autonomía y el territorio.
d) La población, la organización y el territorio.

3. Según el Reglamento de Población y Demarcación Territorial de las Entidades Locales el término municipal es:

a) El territorio en que el Ayuntamiento ejerce su jurisdicción.
b) El territorio en que el Ayuntamiento ejerce sus competencias.
c) El territorio en que el Ayuntamiento ejerce su política.
d) Las respuestas b) y c) son correctas.

4. De acuerdo con lo dispuesto en la Ley de Bases de Régimen Local:

a) La creación de nuevos municipios solo podrá realizarse sobre la base de núcleos de población territorialmente diferenciados, de al menos 25.000 habitantes.
b) La creación de nuevos municipios solo podrá realizarse sobre la base de núcleos de población territorialmente diferenciados, de al menos 4.000 habitantes.

c) La creación de nuevos municipios solo podrá realizarse sobre la base de núcleos de población territorialmente diferenciados, de al menos 3.000 habitantes.

d) La creación de nuevos municipios solo podrá realizarse sobre la base de núcleos de población territorialmente diferenciados, de al menos 250.000 habitantes.

5. ¿La alteración de términos municipales podrá suponer la modificación de los límites provinciales?

a) Solo en casos excepcionales.
b) En ningún caso.
c) Cuando concurran los requisitos establecidos en la ley.
d) Sí.

6. En los casos de fusión de municipios:

a) El nuevo municipio se subrogará en todos los derechos y obligaciones de los anteriores municipios.
b) El nuevo municipio resultante de la fusión no podrá segregarse hasta transcurridos cien años.
c) El órgano del gobierno del nuevo municipio resultante estará constituido transitoriamente por la suma de los concejales de los municipios fusionados.
d) Las respuestas a) y c) son correctas.

7. Son derechos y deberes de los vecinos:

a) Contribuir mediante la aportación de sus bienes inmuebles a la realización de las competencias municipales.
b) Exigir la prestación y, en su caso, el establecimiento del correspondiente servicio público, en el supuesto de constituir una competencia municipal propia aunque no sea de carácter obligatorio.
c) Acceder a los aprovechamientos comunales.
d) Ejercer la iniciativa individual en los términos previstos en el art. 70 bis de la Ley de Bases de Régimen Local.

8. La inscripción de los extranjeros en el Padrón municipal:

a) Constituirá prueba de su residencia legal en España.
b) Iniciará el expediente de adquisición de la nacionalidad española.
c) No les atribuirá ningún derecho que no les confiera la legislación vigente.
d) Permitirá obtener un permiso de trabajo.

9. El padrón municipal es:

a) La base de datos donde constan los nombres de los vecinos.
b) El registro administrativo donde solo constan los domicilios de los vecinos.

c) El registro administrativo donde constan los vecinos de un municipio.

d) El registro administrativo donde solo constan los domicilios de los extranjeros del municipio.

10. La inscripción en el Padrón municipal contendrá como obligatorios los siguientes datos:

a) Las matrículas de los vehículos de los vecinos.

b) El número de identificación de los aparatos tecnológicos existentes en cada casa.

c) Los ascendientes que habitan en cada casa.

d) Ninguna de las respuestas es correcta.

11. Quien viva en varios municipios:

a) Deberá inscribirse únicamente en el Padrón municipal del municipio en el que habite durante más tiempo al año.

b) Deberá inscribirse únicamente en el Padrón municipal del municipio en el que tenga su lugar de trabajo.

c) Deberá inscribirse únicamente en el Padrón municipal del municipio en el que haya nacido.

d) Deberá inscribirse en el Padrón municipal de todos los municipios.

12. ¿Existe Padrón de españoles residentes en el extranjero?

a) Sí.

b) No.

c) Sí, y su formación se realizará por la Administración General del Estado.

d) Solo para aquellos que se encuentren en la Unión Europea.

13. La personalidad jurídica de los Municipios, según la Constitución Española, es:

a) Propia.

b) Plena.

c) Reconocida por el Ente que los crea.

d) Dependiente de su autonomía.

14. Según nuestra Constitución, los Concejales no son elegidos por sufragio:

a) Universal.

b) Igual.

c) Paritario.

d) Libre.

15. La pertenencia de un Municipio a dos Provincias:

a) Se admite excepcionalmente.
b) Ha de estar prevista en norma con rango de ley.
c) Está prohibida en nuestro ordenamiento jurídico.
d) Las respuestas a) y b) son ciertas.

16. La división del término municipal en distritos, barrios, etc., es competencia del/de la:

a) Instituto Geográfico Nacional.
b) Diputación Provincial.
c) Ayuntamiento respectivo.
d) Comunidad Autónoma.

17. Para ser vecino de un Municipio:

a) Hay que estar empadronado como tal en él.
b) Basta con la residencia habitual en el mismo.
c) No es necesario ser mayor de edad.
d) Debe saberse leer y escribir.

18. No es posible la consulta popular en la siguiente materia:

a) Sobre competencias municipales.
b) Hacienda Local.
c) Servicios municipales.
d) Es factible en todas ellas.

19. En el ámbito local el único órgano que puede someter a consulta popular un asunto es el:

a) Presidente de la Diputación Provincial.
b) Alcalde.
c) Gobierno de la Nación.
d) Pleno de cada Entidad Local.

20. En el Padrón no debe constar respecto de un vecino su:

a) Sexo.
b) Domicilio habitual.
c) Lugar de nacimiento.
d) Debe figurar todo lo anterior.

21. El Consejo de Empadronamiento está adscrito al/a la:

a) Presidencia del Gobierno de la Nación.
b) Ministerio del Interior.
c) Ministerio de Economía, Comercio y Empresa.
d) Ministerio de la Presidencia, Justicia y Relaciones con las Cortes.

22. La confección del Padrón de españoles residentes en el extranjero es competencia del/de la:

a) Ayuntamiento de su último domicilio en España.
b) Comunidad Autónoma donde hubieren nacido.
c) Administración General del Estado.
d) Embajada o Consulado español en el país en que residan.

23. Las directrices e instrucciones técnicas para la formación, mantenimiento y rectificación del Padrón corresponde emanarlas al/a la:

a) Propio Ayuntamiento Pleno.
b) Administración General del Estado.
c) Comunidad Autónoma.
d) Alcalde.

24. ¿Qué define ENTRENA CUESTA como el Ente Público menor territorial primario?

a) La Comarca.
b) La Mancomunidad de Municipios.
c) El Municipio.
d) La Provincia.

25. ¿Cuál de los siguientes no es uno de los tres elementos que, conforme al artículo 11.2.º LRL, constituyen el Municipio?

a) La Organización.
b) La Población.
c) Las Competencias (propias o delegadas).
d) El Territorio.

Solución al test n.º 3

1. d) Todas las respuestas son correctas.

2. d) La población, la organización y el territorio.

3. b) El territorio en que el Ayuntamiento ejerce sus competencias.

4. b) La creación de nuevos municipios solo podrá realizarse sobre la base de núcleos de población territorialmente diferenciados, de al menos 4.000 habitantes.

5. b) En ningún caso.

6. d) Las respuestas a) y c) son correctas.

7. c) Acceder a los aprovechamientos comunales.

8. c) No les atribuirá ningún derecho que no les confiera la legislación vigente.

9. c) El registro administrativo donde constan los vecinos de un municipio.

10. d) Ninguna de las respuestas es correcta.

11. a) Deberá inscribirse únicamente en el Padrón municipal del municipio en el que habite durante más tiempo al año.

12. c) Sí, y su formación se realizará por la Administración General del Estado.

13. b) Plena.

14. c) Paritario.

15. c) Está prohibida en nuestro ordenamiento jurídico.

16. c) Ayuntamiento respectivo.

17. a) Hay que estar empadronado como tal en él.

18. b) Hacienda Local.

19. b) Alcalde.

20. d) Debe figurar todo lo anterior.

21. c) Ministerio de Economía, Comercio y Empresa.

22. c) Administración General del Estado.

23. b) Administración General del Estado.

24. c) El Municipio.

25. c) Las Competencias (propias o delegadas).

Las competencias de los Municipios. Los órganos de Gobierno y Administración de los Municipios. El funcionamiento de los órganos colegiados municipales. Régimen de sesiones

1. Es un servicio mínimo de todos los municipios:

a) La limpieza viaria.
b) El parque público.
c) La biblioteca pública.
d) El tratamiento de residuos.

2. No es un servicio mínimo de todos los municipios:

a) El cementerio.
b) El alumbrado público.
c) El abastecimiento domiciliario de agua potable.
d) La biblioteca pública.

3. Es un servicio mínimo de los municipios solo con población superior a 5.000 habitantes:

a) El alcantarillado.
b) El acceso a los núcleos de población.
c) La pavimentación de las vías públicas.
d) El tratamiento de residuos.

4. En los Municipios con población superior a 20.000 habitantes, deben cumplir con los siguientes servicios mínimos:

a) Protección civil.
b) Evaluación e información de situaciones de necesidad social.
c) Atención inmediata a personas en situación o riesgo de exclusión social.
d) Todas las respuestas anteriores son correctas.

5. En los Municipios con población superior a 50.000 habitantes, deben cumplir con los siguientes servicios mínimos:

a) Transporte colectivo urbano de viajeros.
b) Medio ambiente urbano.
c) Protección civil.
d) Todas las respuestas anteriores son correctas.

6. La constitución en concejo abierto de los municipios:

a) Lo establece el Gobierno.
b) Lo establece la Diputación.
c) Requiere petición de la mayoría de los vecinos, decisión favorable por mayoría de dos tercios de los miembros del Ayuntamiento y aprobación por la Comunidad Autónoma.
d) En España no se puede establecer.

7. La Junta de Gobierno Local, en términos generales, existe en todos los municipios con población superior a:

a) 1.000 habitantes.
b) 3.000 habitantes.
c) 5.000 habitantes.
d) 7.000 habitantes.

8. Es un órgano municipal complementario:

a) Los Concejales Delegados.
b) Las Comisiones Informativas.
c) Las Juntas Municipales de Distrito.
d) Todas las respuestas anteriores son correctas.

9. Es el órgano unipersonal que preside la Corporación municipal es:

a) El presidente de la Diputación.
b) El Alcalde.
c) El Concejal.
d) El Legislador.

10. Indique la respuesta incorrecta. La moción de censura:

a) Deberá ser propuesta, al menos, por la mayoría absoluta del número legal de miembros de la Corporación.
b) Habrá de incluir un candidato a la Alcaldía, pudiendo serlo cualquier Concejal cuya aceptación expresa conste en el escrito de proposición de la moción.

c) Deberá ser propuesta, al menos, por la mayoría simple del número legal de miembros de la Corporación.

d) Está recogida en la normativa española.

11. En un Ayuntamiento cuyo municipio es de 105 habitantes hay:

a) 3 Concejales.
b) 5 Concejales.
c) 10 Concejales.
d) 15 Concejales.

12. De 100.001 habitantes en adelante, se establece un Concejal más por cada:

a) 10.000 residentes o fracción, añadiéndose uno más cuando el resultado sea un número par.

b) 50.000 residentes o fracción, añadiéndose uno más cuando el resultado sea un número par.

c) 70.000 residentes o fracción, añadiéndose uno más cuando el resultado sea un número par.

d) 100.000 residentes o fracción, añadiéndose uno más cuando el resultado sea un número par.

13. Los Tenientes de Alcalde sustituyen en los casos de vacante, ausencia o enfermedad, al Alcalde:

a) Por el orden de su nombramiento.
b) Por orden de edad.
c) Por experiencia profesional.
d) Por el orden que decida el Alcalde cuando se vaya.

14. Las Comisiones Informativas:

a) Siempre son permanentes.
b) Siempre son especiales.
c) Se extinguen automáticamente una vez que hayan dictaminado o informado sobre el asunto que constituye su objeto, salvo que el acuerdo plenario que las creó dispusiera otra cosa.
d) Son correctas las respuestas b) y c).

15. Las Comisiones Informativas que se constituyen con carácter general, distribuyendo entre ellas las materias que han de someterse al Pleno, procurándose, en lo posible, su correspondencia con el número y denominación de las grandes áreas en que se estructuran los servicios corporativos son:

a) Especiales.
b) Ordinarias.

c) Permaneentes.
d) Definitivas.

16. Su finalidad será la de canalizar la participación de los ciudadanos y de sus asociaciones en los asuntos municipales, informando y, en su caso, proponiendo las iniciativas municipales relativas al sector de actividad al que corresponde:

a) Comisión Informativa.
b) Comisión Administrativa.
c) Consejo Sectorial.
d) Diputación.

17. Son creadas por el Pleno, con el carácter de órganos territoriales de gestión desconcentrada (art. 24 LRL) y cuya finalidad será la mejor gestión de los asuntos de la competencia municipal y facilitar la participación ciudadana en el respectivo ámbito territorial:

a) El Ayuntamiento.
b) La Diputación.
c) Las Juntas Municipales de Distrito.
d) Las Comisiones de Gobierno.

18. Las normas relativas a Municipios de gran población serán aplicables a:

a) A los municipios cuya población supere los 250.000 habitantes.
b) A los municipios capitales de provincia cuya población sea superior a los 175.000 habitantes.
c) A los municipios que sean capitales de provincia, capitales autonómicas o sedes de las instituciones autonómicas.
d) Todas las respuestas anteriores son correctas.

19. El Pleno, en términos generales, será convocado y presidido por:

a) El Alcalde.
b) El Concejal de mayor edad.
c) El Concejal de mayor antigüedad.
d) Cada semana por el representante de un grupo político.

20. La redacción y custodia de las actas, así como la supervisión y autorización de las mismas, con el visto bueno del Presidente del Pleno corresponde:

a) Al Alcalde.
b) Al Pleno.
c) Al Secretario General del Pleno.
d) Al Concejal de mayor antigüedad.

21. La comunicación, publicación y ejecución de los acuerdos plenarios corresponde:

a) Al Alcalde.
b) Al Pleno.
c) Al Secretario General del Pleno.
d) Al Concejal de mayor antigüedad.

22. El control y la fiscalización de los órganos de gobierno corresponde:

a) Al Alcalde.
b) Al Pleno.
c) Al Secretario General del Pleno.
d) Al Concejal de mayor antigüedad.

23. La aprobación y modificación de los reglamentos de naturaleza orgánica corresponde:

a) Al Alcalde.
b) Al Pleno.
c) Al Secretario General del Pleno.
d) Al Concejal de mayor antigüedad.

24. Es responsable de su gestión política ante el Pleno:

a) El Alcalde.
b) Al Pleno.
c) Al Secretario General del Pleno.
d) Al Concejal de mayor antigüedad.

25. El Alcalde tiene tratamiento de:

a) Su majestad.
b) Su Excelencia.
c) Ilustrísimo.
d) Su Merced.

Solución al test n.º 4

1. a) La limpieza viaria.

2. d) La biblioteca pública.

3. d) El tratamiento de residuos.

4. d) Todas las respuestas anteriores son correctas.

5. d) Todas las respuestas anteriores son correctas.

6. c) Requiere petición de la mayoría de los vecinos, decisión favorable por mayoría de dos tercios de los miembros del Ayuntamiento y aprobación por la Comunidad Autónoma.

7. c) 5.000 habitantes.

8. d) Todas las respuestas anteriores son correctas.

9. b) El Alcalde.

10. c) Deberá ser propuesta, al menos, por la mayoría simple del número legal de miembros de la Corporación.

11. b) 5 Concejales.

12. d) 100.000 residentes o fracción, añadiéndose uno más cuando el resultado sea un número par.

13. a) Por el orden de su nombramiento.

14. c) Se extinguen automáticamente una vez que hayan dictaminado o informado sobre el asunto que constituye su objeto, salvo que el acuerdo plenario que las creó dispusiera otra cosa.

15. c) Permaneentes.

16. c) Consejo Sectorial.

17. c) Las Juntas Municipales de Distrito.

18. d) Todas las respuestas anteriores son correctas.

19. a) El Alcalde.

20. c) Al Secretario General del Pleno.

21. c) Al Secretario General del Pleno.

22. b) Al Pleno.

23. b) Al Pleno.

24. a) El Alcalde.

25. b) Su Excelencia.

TEST N.º 5

El personal al servicio de la Administración Local. Clases de funcionarios. Personal laboral. Personal eventual. Derechos y deberes de los funcionarios públicos. El régimen disciplinario

1. ¿A qué dos principios ha de atender la designación del personal directivo profesional de las Administraciones Públicas?

a) Publicidad y concurrencia.
b) Legalidad e igualdad.
c) Capacidad y mérito.
d) Idoneidad y transparencia.

2. ¿De cuánto tiempo disfrutarán los empleados públicos por traslado de domicilio sin cambio de residencia?

a) De dos días.
b) De un día.
c) De dos horas.
d) De un máximo de seis horas.

3. Señala la respuesta incorrecta respecto de los derechos de los funcionarios públicos:

a) Por razones de guarda legal, cuando el funcionario tenga el cuidado directo de algún menor de doce años, de persona mayor que requiera especial dedicación, o de una persona con discapacidad que no desempeñe actividad retribuida, tendrá derecho a la reducción de su jornada de trabajo, sin disminución de sus retribuciones.
b) Por lactancia de un hijo menor de doce meses, la funcionaria tendrá derecho a una hora de ausencia del trabajo que podrá dividir en dos fracciones.
c) Por nacimiento de hijos prematuros o que por cualquier otra causa deban permanecer hospitalizados a continuación del parto, la funcionaria o el funcionario tendrá derecho a ausentarse del trabajo durante un máximo de dos horas diarias percibiendo las retribuciones íntegras.
d) La funcionaria podrá solicitar la sustitución del tiempo de lactancia por un permiso retribuido que acumule en jornadas completas el tiempo correspondiente.

4. Por ser preciso atender el cuidado de un familiar de primer grado, el funcionario tendrá derecho a solicitar una reducción de:

a) Hasta el cincuenta por ciento de la jornada laboral, con carácter retribuido, por razones de enfermedad grave o muy grave y por el plazo máximo de tres meses.
b) Hasta el setenta por ciento de la jornada laboral, con carácter retribuido, por razones de enfermedad grave o muy grave y por el plazo máximo de un mes.
c) Hasta el cincuenta por ciento de la jornada laboral, con carácter retribuido, por razones de enfermedad muy grave y por el plazo máximo de un mes.
d) Hasta el setenta por ciento de la jornada laboral, con carácter retribuido, por razones de enfermedad muy grave y por el plazo máximo de un mes.

5. No tendrán dedicación exclusiva los miembros de Corporaciones locales de población inferior a:

a) 15.000 habitantes.
b) 10.000 habitantes.
c) 2.500 habitantes.
d) 1.000 habitantes.

6. ¿Qué retribución complementaria está destinada a retribuir las condiciones particulares de algunos puestos de trabajo en atención a su especial dificultad técnica, dedicación, incompatibilidad, responsabilidad, peligrosidad o penosidad?

a) El complemento especial.
b) El complemento específico.
c) El complemento de productividad.
d) El complemento extraordinario.

7. ¿A quién corresponde la asignación individual del complemento de productividad en las Corporaciones Locales?

a) Al Alcalde o Presidente.
b) Al Secretario.
c) Al Interventor.
d) Al Pleno.

8. A tenor del artículo 95 TR-LEBEP, el incumplimiento por los funcionarios de las normas sobre incompatibilidades cuando ello dé lugar a una situación de incompatibilidad, podrá ser constitutivo de falta:

a) Muy grave.
b) Grave.
c) Menos grave.
d) Leve.

9. Conforme al art. 96 TR-LEBEP, por razón de faltas cometidas podrán imponerse la siguiente sanción:

a) Suspensión firme de funciones, o de empleo y sueldo en el caso del personal laboral, con una duración máxima de 5 años.

b) Despido disciplinario del personal laboral, que solo podrá sancionar la comisión de faltas muy graves o graves y comportará la inhabilitación para ser titular de un nuevo contrato de trabajo con funciones similares a las que desempeñaban.

c) Separación del servicio de los funcionarios, que en el caso de los funcionarios interinos comportará la revocación de su nombramiento, y que solo podrá sancionar la comisión de faltas muy graves o graves.

d) Demérito, que consistirá en la penalización a efectos de carrera, promoción o movilidad voluntaria.

10. Salvo en caso de paralización del procedimiento imputable al interesado, la suspensión provisional como medida cautelar en la tramitación de un expediente disciplinario no podrá exceder de:

a) Un año.
b) 9 meses.
c) 6 meses.
d) 3 meses.

11. ¿Cuándo prescriben las sanciones impuestas por faltas leves?

a) A los dos años.
b) Al año.
c) A los seis meses.
d) Al mes.

12. ¿Cuándo prescriben las sanciones impuestas por faltas graves?

a) A los seis años.
b) A los cinco años.
c) A los tres años.
d) A los dos años.

13. ¿Cuál es la duración máxima de la sanción de suspensión de funciones por faltas muy graves?

a) Diez años.
b) Seis años.
c) Cinco años.
d) Cuatro años.

14. ¿Cuál es la duración máxima de la sanción de suspensión de funciones por faltas graves?

a) Cinco años.
b) Tres años.
c) Dos años.
d) Un año.

15. ¿Qué duración tiene el permiso por adopción, por guarda con fines de adopción, o acogimiento, tanto temporal como permanente?

a) Diecisiete semanas.
b) Dieciséis semanas.
c) Quince semanas.
d) Catorce semanas.

16. ¿Cuál es el órgano competente para la imposición de sanciones disciplinarias a los funcionarios de administración local con habilitación de carácter nacional, cuando la sanción que recaiga sea por falta muy grave, tipificada en la normativa básica estatal?

a) El Presidente del Gobierno.
b) El Consejo de Estado.
c) El Ministro de Hacienda y Función Pública.
d) Cualquiera de los anteriores.

17. Para el acceso a los cuerpos o escalas del Grupo B se exigirá estar en posesión del:

a) Título de Técnico Superior.
b) Título de Bachiller.
c) Título de Técnico.
d) Título universitario de Grado.

18. Indica una de las notas características de los funcionarios de carrera:

a) Desempeño de servicios de carácter permanente.
b) Nombramiento legal, hecho por Autoridad competente.
c) Los puestos de trabajo que desempeñan han de figurar en la Plantilla orgánica y en el Registro de Personal.
d) Todas las respuestas son correctas.

19. ¿Cómo se denomina al personal que, en virtud de nombramiento y con carácter no permanente, solo realiza funciones expresamente calificadas como de confianza o asesoramiento especial, siendo retribuido con cargo a los créditos presupuestarios consignados para este fin?

a) Personal Laboral.
b) Personal Eventual.

c) Funcionarios interinos.
d) Funcionarios de carrera.

20. Señala la respuesta incorrecta respecto al personal eventual:

a) Su nombramiento y cese serán libres.
b) La condición de personal eventual podrá constituir mérito para el acceso a la Función Pública.
c) Su cese tendrá lugar, en todo caso, cuando se produzca el de la autoridad a la que se preste la función de confianza o asesoramiento.
d) Le será aplicable, en lo que sea adecuado a la naturaleza de su condición, el régimen general de los funcionarios de carrera.

21. La selección de todo el personal, sea funcionario o laboral, debe realizarse de acuerdo con la Oferta de Empleo Público, mediante convocatoria pública y a través del sistema de Concurso, Oposición o Concurso-Oposición libres en los que garanticen, en todo caso, los principios constitucionales de:

a) Capacidad, mérito, objetividad y legalidad.
b) Publicidad, eficacia, eficiencia, mérito y capacidad.
c) Igualdad, mérito y capacidad, así como el de publicidad.
d) Legalidad, publicidad, transparencia, mérito y capacidad.

22. Los funcionarios que ejerciten el derecho de huelga, por el tiempo en que hayan permanecido en la misma, devengarán y percibirán:

a) Solo las retribuciones básicas prorrateadas.
b) Las retribuciones básicas y los trienios.
c) Todas las retribuciones que le corresponderían si no hubieran ejercido ese derecho.
d) No devengarán ni percibirán retribución alguna.

23. Señala la respuesta incorrecta respecto al régimen jurídico del personal laboral:

a) La Jurisdicción competente en esta materia es la Contencioso-Administrativa.
b) Dentro de este personal, por razón de la fijeza de su vinculación a la Entidad de que se trate, se distingue entre los contratados indefinidamente y los contratados temporalmente.
c) La selección de este personal se hará por concurso, concurso-oposición u oposición libre.
d) La contratación de este personal corresponde al Alcalde o al Presidente de la Diputación Provincial, a quien compete, también, la asignación del mismo a los distintos puestos de trabajo de carácter laboral previstos en las Relaciones de Puestos de Trabajo aprobadas por la Corporación, de acuerdo con la legislación laboral.

24. Los Ayuntamientos de Municipios con población superior a 50.000 y no superior a 75.000 habitantes podrán incluir en sus plantillas puestos de trabajo de personal eventual por un número que no podrá exceder de:

a) Uno.
b) Dos.
c) Siete.
d) La mitad de concejales de la Corporación local.

25. ¿Con qué frecuencia publicarán las Corporaciones locales en su sede electrónica y en el Boletín Oficial de la Provincia o, en su caso, de la Comunidad Autónoma uniprovincial el número de los puestos de trabajo reservados a personal eventual?

a) Cada cinco años.
b) Cada dos años.
c) Anualmente.
d) Semestralmente.

26. Indica cuál de los siguientes es uno de los derechos de carácter individual de los empleados públicos:

a) A percibir las retribuciones y las indemnizaciones por razón del servicio.
b) Al desempeño efectivo de las funciones o tareas propias de su condición profesional y de acuerdo con la progresión alcanzada en su carrera profesional.
c) A la formación continua y a la actualización permanente de sus conocimientos y capacidades profesionales, preferentemente en horario laboral.
d) Todas las respuestas son correctas.

27. El permiso de paternidad en 2023 por el nacimiento, guarda con fines de adopción, acogimiento o adopción de un hijo tendrá una duración, a disfrutar por el padre o el otro progenitor a partir de la fecha del nacimiento, de la decisión administrativa de guarda con fines de adopción o acogimiento, o de la resolución judicial por la que se constituya la adopción, de:

a) Nueve semanas.
b) Dieciséis semanas.
c) Doce semanas.
d) Quince semanas.

28. ¿Qué complemento está destinado a retribuir el especial rendimiento, la actividad y dedicación extraordinarias y el interés o iniciativa con que se desempeñen los puestos de trabajo?

a) El complemento de productividad.
b) El complemento específico.
c) El complemento singular.
d) El complemento de dedicación especial.

29. ¿Qué norma aprobó el Estatuto Básico del Empleado Público?

a) El Real Decreto 33/2005, de 1 de octubre.
b) La Ley 3/2007, de 9 de febrero.
c) La Ley 7/2007, de 12 de abril.
d) El Real Decreto Legislativo 5/2015, de 30 de octubre.

30. ¿Cómo se denomina al personal que en virtud de contrato de trabajo formalizado por escrito, en cualquiera de las modalidades de contratación de personal previstas en la legislación laboral, presta servicios retribuidos por las Administraciones Públicas?

a) Interino.
b) De carrera.
c) Eventual.
d) Laboral.

31. Los funcionarios públicos tendrán derecho a disfrutar, durante cada año natural, de unas vacaciones retribuidas de:

a) Veinte días hábiles, o de los días que correspondan proporcionalmente si el tiempo de servicio durante el año fue menor.
b) Veintidós días hábiles, o de los días que correspondan proporcionalmente si el tiempo de servicio durante el año fue menor.
c) Veintiséis días hábiles, o de los días que correspondan proporcionalmente si el tiempo de servicio durante el año fue menor.
d) Treinta días hábiles, o de los días que correspondan proporcionalmente si el tiempo de servicio durante el año fue menor.

32. ¿Cuántos días hábiles de permiso se concederán en el caso de accidente o enfermedad graves, hospitalización o intervención quirúrgica sin hospitalización que precise de reposo domiciliario del cónyuge, pareja de hecho o parientes hasta el primer grado por consanguinidad o afinidad, así como de cualquier otra persona distinta de las anteriores que conviva con el funcionario o funcionaria en el mismo domicilio y que requiera el cuidado efectivo de aquella?

a) Tres días.
b) Cuatro días.
c) Cinco días.
d) Seis días.

33. ¿De cuántos días al año, con carácter general, podrá disponer el funcionario de permiso para asuntos personales sin justificación?

a) De hasta 6 días al año.
b) De hasta 7 días al año.

c) De hasta 8 días al año.
d) De hasta 9 días al año.

34. Como máximo y con carácter general, si se mantiene la necesidad de cuidado directo, continuo y permanente, el permiso por cuidado de hijo menor afectado por cáncer u otra enfermedad grave, se extenderá hasta que cumpla:

a) 12 años.
b) 18 años.
c) 16 años.
d) 23 años.

35. Por razón de matrimonio o constitución formalizada por documento público de pareja de hecho, los funcionarios tendrán derecho a una licencia de:

a) Diez días.
b) Un mes.
c) Quince días.
d) Veinte días.

36. Por nacimiento de hijos prematuros o que por cualquier otra causa deban permanecer hospitalizados a continuación del parto, la funcionaria o el funcionario tendrá derecho a ausentarse del trabajo durante:

a) Un máximo de una hora diaria percibiendo las retribuciones íntegras.
b) Un máximo de 2 horas diarias percibiendo las retribuciones íntegras.
c) Un máximo de 2,5 horas diarias percibiendo las retribuciones íntegras.
d) Un máximo de 3 horas diarias percibiendo las retribuciones íntegras.

37. No se rigen por el Derecho Administrativo el/los:

a) Funcionarios.
b) Personal Laboral.
c) Personal Eventual.
d) Interinos.

38. Los puestos de confianza o asesoramiento especial se suelen reservar al/a los:

a) Políticos.
b) Personal Eventual.
c) Personal Laboral.
d) Funcionarios.

39. Los interinos ocupan provisionalmente puestos que pueden ser desempeñados por:

a) Contratados temporales.
b) Personal eventual.
c) Funcionarios.
d) Personal Laboral.

40. La titulación exigible para ser funcionario del grupo B según el Real Decreto Legislativo 5/2015, de 30 de octubre, por el que se aprueba el texto refundido de la Ley del Estatuto Básico del Empleado Público, es:

a) Título de Bachiller o Técnico..
b) Título de Graduado en Educación Secundaria Obligatoria
c) Título de Técnico Superior.
d) Título de ESO.

41. Junto a los principios de igualdad, mérito y capacidad, en la selección de los funcionarios, se debe seguir el de:

a) Imparcialidad.
b) Publicidad.
c) Profesionalidad.
d) Concurrencia.

42. La Oferta de Empleo de un Municipio de gran población debe aprobarla el/la:

a) Pleno.
b) Junta de Personal.
c) Presidente.
d) Junta de Gobierno Local.

43. El sistema normal de selección de los laborales es el/la:

a) Oposición libre.
b) Concurso.
c) Concurso-oposición.
d) Todas las respuestas anteriores son correctas.

44. La titulación exigible para ser funcionario del grupo C1, según el Real Decreto Legislativo 5/2015, de 30 de octubre, por el que se aprueba el texto refundido de la Ley del Estatuto Básico del Empleado Público, es:

a) Título de Bachiller o Técnico.
b) Título de Graduado en Educación Secundaria Obligatoria

c) Título de Técnico Superior.
d) Título de ESO.

45. El juramento o promesa a realizar por los funcionarios se efectúa:

a) Tras la toma de posesión.
b) Antes de ella.
c) En el mismo momento de la toma de posesión.
d) Ante órganos jurisdiccionales.

46. En el juramento o promesa que deben hacer los funcionarios se señala que se ha de cumplir las obligaciones del cargo con lealtad al/a la/a los:

a) Constitución.
b) Corporación.
c) Superiores.
d) Rey.

47. Siguiendo las nuevas titulaciones, se exigirá título de Graduado en Educación Secundaria Obligatoria para pertenecer al Subgrupo:

a) A1.
b) B2.
c) C1.
d) C2.

48. El Texto Refundido de la Ley del Estatuto Básico del Empleado Público se aprobó por:

a) Real Decreto Legislativo 12/2007, de 13 de marzo.
b) Real Decreto Legislativo 5/2012, de 13 de mayo.
c) Real Decreto Legislativo 5/2015, de 30 de octubre.
d) Real Decreto Legislativo 3/2015, de 14 de abril.

49. Las cantidades destinadas a financiar aportaciones a planes de pensiones o contratos de seguros tendrán a todos los efectos la consideración de:

a) Retribución básica.
b) Retribución complementaria.
c) Indemnizaciones.
d) Retribución diferida.

50. No puede ser Técnico de Administración General un Licenciado en:

a) Sociología.
b) Ciencias Políticas.

c) Derecho.
d) Ciencias Empresariales.

51. La reserva del 50 % de plazas para promoción interna es:

a) Obligatoria.
b) Facultativa.
c) Anormal.
d) Ilegal.

52. La antigüedad para entrar en el cupo de promoción interna es, como regla general, de:

a) Cinco años.
b) Tres años.
c) Dos años.
d) Depende de la plaza.

53. Por muerte de un tío carnal, teniendo en cuenta que es familiar dentro del tercer grado, se tiene derecho al siguiente permiso:

a) Dos días si es en la misma localidad.
b) Cuatro días si es en distinta localidad.
c) Ningún día.
d) Las respuestas a) y b) son correctas.

54. La disminución de la jornada por cuidado directo de un menor de seis años:

a) Puede equivaler a un tercio o un medio.
b) No implica reducción de retribuciones.
c) Comporta exclusivamente la reducción de las retribuciones complementarias.
d) Nada de lo anterior es cierto.

55. La observancia de las normas sobre seguridad y salud laboral:

a) Es un principio ético de los empleados públicos.
b) Se ajustará a lo que indiquen los representantes de los trabajadores.
c) Se establece solo para los puestos de trabajo cuyo desempeño suponga riesgos inequívocos.
d) Es obligatoria para todos los empleados públicos.

56. Para el cumplimiento de un deber inexcusable de carácter público o perso-nal, se tiene derecho a un permiso:

a) De tres días.
b) Por tiempo indispensable.

c) De cinco días.
d) De dos días.

57. En una Corporación de cincuenta y nueve funcionarios existirán representándolos:

a) Un Delegado de Personal.
b) Dos Delegados de Personal.
c) Un Comité de Empresa.
d) Una Junta de Personal.

58. El personal funcionario que no tenga dedicación exclusiva o especial dedicación ha de cumplir una jornada laboral semanal de:

a) Treinta y cinco horas.
b) Treinta y siete horas y media.
c) Cuarenta horas.
d) Veinticuatro horas.

59. El incumplimiento de la obligación de atender los servicios esenciales en caso de huelga es constitutivo de:

a) Falta muy grave.
b) Falta grave.
c) Falta leve.
d) Un derecho.

60. El abandono del servicio da lugar a:

a) Sanción pecuniaria.
b) Falta muy grave.
c) Falta grave.
d) Falta leve.

61. Por su parte, el acoso laboral se tipifica como:

a) Falta muy grave.
b) Falta grave.
c) Falta leve.
d) No está tipificada.

62. El descrédito para la imagen pública de la Administración Pública es una circunstancia que debe ser atendida para determinar las faltas:

a) Muy graves.
b) Graves.
c) Leves.
d) Las respuestas b) y c) son correctas.

63. La responsabilidad de los funcionarios que induzcan a otros a cometer una falta:

a) Es similar a la exigible a estos.
b) Se minora en un grado.
c) Se castiga con una sanción superior en grado.
d) Es inexistente.

64. La suspensión firme de funciones no puede ser superior a:

a) Tres meses.
b) Tres años.
c) Un año.
d) Seis años.

65. En el caso de separación del servicio de un funcionario interino:

a) Podrá ser rehabilitado en el futuro.
b) No es necesaria la motivación del acto.
c) Permanece en activo hasta que se cubra la vacante que venía desempeñando.
d) Se revoca su nombramiento.

66. La prescripción de las faltas graves se produce a los:

a) Seis meses.
b) Dos meses.
c) Seis años.
d) Dos años.

67. La separación del servicio en un Municipio de gran población se acuerda por el/la:

a) Sindicato mayoritario.
b) Presidente de la Corporación.
c) Pleno de la Corporación.
d) Junta de Gobierno Local.

68. En la corrección de una falta leve, un trámite inexcusable es:

a) La previa audiencia al inculpado.
b) Incoar diligencias preliminares.
c) Incoar expediente disciplinario ordinario.
d) Ninguno de los anteriores.

69. Los trienios se cobran:

a) En igual cuantía dentro de cada Subgrupo o Grupo de clasificación profesional, en el supuesto de que este no tenga Subgrupo.
b) En concepto de retribución complementaria.

c) Solo mensualmente, sin percibirse en las pagas extraordinarias.
d) Ninguna de las respuestas anteriores es correcta.

70. En las pagas extraordinarias se percibe:

a) El sueldo y el complemento de destino solamente.
b) Todas las retribuciones.
c) Las retribuciones básicas en exclusiva.
d) Nada de lo expuesto es correcto.

71. La participación en las multas impuestas por un funcionario, cuando esté normativamente atribuida a los servicios:

a) Está expresamente prohibida.
b) No está sujeta a retención fiscal.
c) Se permite excepcionalmente, con arreglo a dicha normativa.
d) Es la regla general y forma parte de las retribuciones complementarias.

72. Las retribuciones básicas de los funcionarios se fijan y se recogen por el/la/las:

a) Leyes de Presupuestos de cada Comunidad Autónoma.
b) Presupuesto de cada Corporación Local.
c) Ley de Presupuestos Generales del Estado.
d) Todas las respuestas anteriores son correctas.

73. Señala la respuesta incorrecta. Las retribuciones complementarias de los funcionarios se establecerán por las correspondientes leyes de cada Administración Pública atendiendo, entre otros, a los siguientes factores:

a) La especial dificultad técnica, responsabilidad, dedicación, incompatibilidad exigible para el desempeño de determinados puestos de trabajo.
b) Los servicios extraordinarios prestados en la jornada normal de trabajo.
c) La progresión alcanzada por el funcionario dentro del sistema de carrera administrativa.
d) El grado de interés, iniciativa o esfuerzo con que el funcionario desempeña su trabajo.

74. La asistencia sanitaria de los funcionarios locales corresponde en la actualidad a la:

a) Sanidad privada.
b) Seguridad Social.
c) Mutualidad Nacional de Previsión de la Administración Local.
d) Cualquiera de las anteriores.

75. ¿Cuándo prescriben las sanciones impuestas por faltas leves?

a) A los dos años.
b) Al año.

c) A los seis meses.
d) Al mes.

76. Señala la respuesta incorrecta:

a) Los funcionarios que indujeren a otros a la comisión de actos o conductas constitutivos de falta disciplinaria, incurriendo en la misma responsabilidad que estos.
b) La imposición de sanciones por faltas leves se llevará a cabo por procedimiento sumario sin necesidad de audiencia al interesado.
c) El tiempo de permanencia en suspensión provisional será de abono para el cumplimiento de la suspensión firme.
d) El alcance de cada sanción se establecerá teniendo en cuenta el grado de intencionalidad, descuido o negligencia que se revele en la conducta, el daño al interés público, la reiteración o reincidencia, así como el grado de participación.

77. ¿Cuándo prescriben las infracciones leves?

a) Al mes.
b) A los seis meses.
c) Al año.
d) A los dos años.

78. ¿A quién corresponde imponer la sanción que recaiga por falta muy grave, tipificada en la normativa básica estatal?

a) Al Presidente del Gobierno.
b) Al Consejo de Ministros.
c) Al Ministro de Hacienda y Función Pública.
d) Al Secretario de Estado de Administraciones Públicas.

79. Señala cuál de las siguientes no es una de las características esenciales del personal funcionario de una Entidad Local:

a) Sometimiento de la relación funcionarial al Derecho laboral.
b) Profesionalidad.
c) Retribución con cargo a la Entidad Local.
d) Vinculación permanente.

80. La masa salarial del personal laboral del sector público local, una vez aprobada será publicada en la sede electrónica de la Corporación y en el Boletín Oficial de la Provincia o, en su caso, de la Comunidad Autónoma uniprovincial en el plazo de:

a) Cinco días.
b) Diez días.
c) Veinte días.
d) Un mes.

Solución al test n.º 5

1. c) Capacidad y mérito.

2. b) De un día.

3. a) Por razones de guarda legal, cuando el funcionario tenga el cuidado directo de algún menor de doce años, de persona mayor que requiera especial dedicación, o de una persona con discapacidad que no desempeñe actividad retribuida, tendrá derecho a la reducción de su jornada de trabajo, sin disminución de sus retribuciones.

4. c) Hasta el cincuenta por ciento de la jornada laboral, con carácter retribuido, por razones de enfermedad muy grave y por el plazo máximo de un mes.

5. d) 1.000 habitantes.

6. b) El complemento específico.

7. a) Al Alcalde o Presidente.

8. a) Muy grave.

9. d) Demérito, que consistirá en la penalización a efectos de carrera, promoción o movilidad voluntaria.

10. c) 6 meses.

11. b) Al año.

12. d) A los dos años.

13. b) Seis años.

14. b) Tres años.

15. b) Dieciséis semanas.

16. c) El Ministro de Hacienda y Función Pública.

17. a) Título de Técnico Superior.

18. d) Todas las respuestas son correctas.

19. b) Personal Eventual.

20. b) La condición de personal eventual podrá constituir mérito para el acceso a la Función Pública.

21. c) Igualdad, mérito y capacidad, así como el de publicidad.

22. d) No devengarán ni percibirán retribución alguna.

23. a) La Jurisdicción competente en esta materia es la Contencioso-Administrativa.

24. d) La mitad de concejales de la Corporación local.

25. d) Semestralmente.

26. d) Todas las respuestas son correctas.

27. b) Dieciséis semanas.

28. a) El complemento de productividad.

29. d) El Real Decreto Legislativo 5/2015, de 30 de octubre.

30. d) Laboral.

31. b) Veintidós días hábiles, o de los días que correspondan proporcionalmente si el tiempo de servicio durante el año fue menor.

32. c) Cinco días.

33. a) De hasta 6 días al año.

34. d) 23 años.

35. c) Quince días.

36. b) Un máximo de 2 horas diarias percibiendo las retribuciones íntegras.

37. b) Personal Laboral.

38. b) Personal Eventual.

39. c) Funcionarios.

40. c) Título de Técnico Superior.

41. b) Publicidad.

42. d) Junta de Gobierno Local.

43. d) Todas las respuestas anteriores son correctas.

44. a) Título de Bachiller o Técnico.

45. c) En el mismo momento de la toma de posesión.

46. d) Rey.

47. d) C2.

48. c) Real Decreto Legislativo 5/2015, de 30 de octubre.

49. d) Retribución diferida.

50. a) Sociología.

51. b) Facultativa.

52. c) Dos años.

53. c) Ningún día.

54. d) Nada de lo anterior es cierto.

55. d) Es obligatoria para todos los empleados públicos.

56. b) Por tiempo indispensable.

57. d) Una Junta de Personal

58 b) Treinta y siete horas y media.

59. a) Falta muy grave.

60. b) Falta muy grave.

61. a) Falta muy grave.

62. d) Las respuestas b) y c) son correctas.

63. a) Es similar a la exigible a estos.

64. d) Seis años.

65. d) Se revoca su nombramiento.

66. d) Dos años.

67. d) Junta de Gobierno Local.

68. a) La previa audiencia al inculpado.

69. a) En igual cuantía dentro de cada Subgrupo o Grupo de clasificación profesional, en el supuesto de que este no tenga Subgrupo.

70. d) Nada de lo expuesto es correcto.

71. a) Está expresamente prohibida.

72. d) Todas las respuestas anteriores son correctas.

73. b) Los servicios extraordinarios prestados en la jornada normal de trabajo.

74. b) Seguridad Social.

75. b) Al año.

76. b) La imposición de sanciones por faltas leves se llevará a cabo por procedimiento sumario sin necesidad de audiencia al interesado.

77. b) A los seis meses.

78. c) Al Ministro de Hacienda y Función Pública.

79. a) Sometimiento de la relación funcionarial al Derecho laboral.

80. c) Veinte días.

TEST N.º 6

Derechos del ciudadano en su trato con el Ayuntamiento. La atención al público. Normativa para la atención personalizada

1. Según la Ley 39/2015, de 1 de octubre, del Procedimiento Administrativo Común de las Administraciones Públicas, las personas físicas:

a) Podrán elegir si se comunican con las Administraciones Públicas a través de medios electrónicos o no.

b) Podrán optar por un medio de comunicación y este no podrá ser modificado.

c) Proveerán los medios y sistemas electrónicos con los que desean comunicarse.

d) No podrán ser obligadas a relacionarse a través de medios electrónicos con las Administraciones Públicas.

2. El artículo 105 de la Constitución española estableció que la ley regularía el acceso de los ciudadanos a los archivos y registros administrativos, salvo en lo que afecte a los siguientes aspectos. Señala la respuesta incorrecta:

a) La seguridad y defensa del Estado.

b) La averiguación de los delitos.

c) La igualdad de las partes en los procesos judiciales y la tutela judicial efectiva.

d) La intimidad de las personas.

3. Según el artículo 13.a) de la LPACAP, quienes tienen capacidad de obrar ante las Administraciones Públicas son titulares del derecho a comunicarse con estas a través de:

a) Un funcionario habilitado para representarles.

b) Una entidad sin personalidad jurídica.

c) Un Punto de Acceso específico electrónico de la Administración.

d) Un Punto de Acceso General electrónico de la Administración.

4. Según el artículo 14 de la LPACAP, NO están obligados a relacionarse electrónicamente con las Administraciones Públicas para la realización de cualquier trámite de un procedimiento administrativo:

a) Los empleados de las Administraciones Públicas en toda relación con estas.

b) Los notarios, en el ejercicio de su actividad profesional.

c) Los registradores mercantiles, en el ejercicio de su actividad profesional.

d) Las entidades sin personalidad jurídica.

5. ¿Pueden las Administraciones Públicas establecer la obligación de relacionarse con ellas a través de medios electrónicos a otros colectivos distintos de los que la LPACAP menciona expresamente en su artículo 14.2?

a) No, solo podrá obligarse a los mencionados en dicho artículo.

b) También están obligados los colectivos de personas físicas que por su capacidad económica tengan acceso a los medios electrónicos necesarios.

c) Sí, para determinados procedimientos, si así se recoge expresamente en una ley.

d) Sí, podrá obligarse reglamentariamente para determinados procedimientos y para ciertos colectivos de personas físicas que, por razón de su capacidad económica, técnica, dedicación profesional u otros motivos quede acreditado que tienen acceso y disponibilidad de los medios electrónicos necesarios.

6. Señala la palabra que falta, según el artículo 12.1 de la LPACAP. Las Administraciones Públicas deberán garantizar que los interesados pueden relacionarse con la Administración a través de medios electrónicos, para lo que pondrán a su disposición los ………….. de acceso que sean necesarios así como los sistemas y aplicaciones que en cada caso se determinen:

a) Portales.

b) Servidores.

c) Canales.

d) Códigos.

7. La información particular es:

a) La referida a los requisitos jurídicos o técnicos que las disposiciones impongan a los proyectos, actuaciones o solicitudes que los ciudadanos se propongan realizar.

b) La concerniente al estado o contenido de los procedimientos en tramitación, y a la identificación de las autoridades y personal al servicio de las Administración General del Estado y de las entidades de derecho público vinculadas o dependientes de la misma bajo cuya responsabilidad se tramiten aquellos procedimientos.

c) La referente a la tramitación de procedimientos, a los servicios públicos y prestaciones, así como a cualesquiera otros datos que los ciudadanos tengan necesidad de conocer en sus relaciones con las Administraciones Públicas, en su conjunto, o con alguno de sus ámbitos de actuación.

d) La relativa a la identificación, fines, competencia, estructura, funcionamiento y localización de organismos y unidades administrativas.

8. En relación con la información particular, es cierto que:

a) Se facilitará obligatoriamente a los ciudadanos, sin exigir para ello la acreditación de legitimación alguna.

b) Solo podrá ser facilitada a las personas que tengan la condición de interesados en cada procedimiento o a sus representantes legales.

c) No podrá referirse a los datos de carácter personal que afecten de alguna forma a la intimidad o privacidad de las personas físicas.

d) Cuando resulte conveniente una mayor difusión, deberá ofrecerse a los grupos sociales o instituciones que estén interesados en su conocimiento.

9. ¿Qué funciones de la atención personalizada a los ciudadanos tienen por objeto facilitar a estos la orientación y ayuda que precisen en el momento inicial de su visita, y, en particular, la relativa a la localización de dependencias y funcionarios?

a) Funciones de recepción de las iniciativas o sugerencias formuladas por los ciudadanos.
b) Funciones de orientación e información.
c) Funciones de recepción y acogida a los ciudadanos.
d) Funciones de asistencia a los ciudadanos en el ejercicio del derecho de petición.

10. En la atención personalizada al ciudadano, las funciones de gestión, en relación con los procedimientos administrativos, ¿comprenderá la recepción de la documentación inicial de un expediente?

a) No, en ningún caso.
b) Sí, en todo caso.
c) Sí, siempre que se trate de procedimientos urgentes.
d) Sí, cuando así se haya dispuesto reglamentariamente.

11. Las aclaraciones y ayudas de índole práctica requeridas por los ciudadanos sobre procedimientos, trámites, requisitos y documentación para los proyectos, actuaciones o solicitudes que se propongan realizar, o para acceder al disfrute de un servicio público o beneficiarse de una prestación, no pueden entrañar:

a) Una interpretación normativa.
b) Una simple determinación de conceptos.
c) Una información de opciones legales.
d) Una colaboración en la cumplimentación de impresos o solicitudes.

12. Es una manifestación o declaración de un ciudadano en la que este transmite una idea con la que pretende la mejora de la calidad o accesibilidad de los servicios, el incremento en el rendimiento o ahorro del gasto público, la simplificación de trámites administrativos o supresión de aquellos considerados innecesarios, propuestas de modificaciones normativas y, con carácter general, propuesta de cualquier medida que suponga un mayor grado de satisfacción de la ciudadanía en sus relaciones con la Administración Pública:

a) Una queja.
b) Una sugerencia.

c) Una reclamación.
d) Una petición.

13. Según el RD 951/2005, recibida la queja o sugerencia, la unidad responsable de su gestión informará al interesado de las actuaciones realizadas en el plazo de:

a) 10 días hábiles.
b) 15 días hábiles.
c) 20 días hábiles.
d) Un mes.

14. ¿Qué ley orgánica regula el derecho de petición?

a) Ley Orgánica 4/2001, de 12 de noviembre.
b) Ley Orgánica 3/2007, de 22 de marzo.
c) Ley Orgánica 2/2006, de 3 de mayo.
d) Ley Orgánica 9/2013, de 20 de diciembre.

15. El derecho de petición ha de formularse:

a) Telemáticamente.
b) Presencialmente.
c) Mediante representante legal.
d) Por escrito.

16. Conforme al artículo 1 de la ley orgánica que regula el derecho de petición, son titulares del derecho de petición:

a) Toda persona natural o jurídica, prescindiendo de su nacionalidad.
b) Todos los españoles.
c) Cualquier persona física.
d) Toda persona natural o jurídica de nacionalidad española.

17. ¿Cuál de los siguientes se conoce también como lenguaje kinésico?

a) Lenguaje oral.
b) Lenguaje telefónico.
c) Lenguaje corporal.
d) Lenguaje escrito.

18. La comunicación que busca un balance ideal entre las posturas agresivas y pasivas de comunicación, para mantener un proceso franco, equitativo y respetuoso de intercambio de información, es fruto del llamado comportamiento:

a) Asertivo.
b) Administrativo.

c) Primario.
d) Profesional.

19. ¿En cuál de las siguientes funciones del lenguaje, según el lingüista Jakob-son, la intención comunicativa es influir sobre la conducta del receptor para que, por ejemplo, cambie de actitud o se interese por algo?

a) Representativa.
b) Apelativa o conativa.
c) Expresiva o emotiva.
d) Fática o de contacto.

20. Se denomina así a todo elemento perturbador, ajeno al emisor y al receptor, capaz de entorpecer el proceso de comunicación e incluso anularlo:

a) Código.
b) Ruido.
c) *Feedback*.
d) Retroalimentación.

21. Ante un cliente inquisitivo que solicita información con mucha meticulosidad, numerosas preguntas y una actitud crítica, el trato del informador público debe basarse en:

a) Permanecer impasible.
b) Presentar argumentos.
c) Tener conocimientos técnicos.
d) Mantenerse firme.

22. Señala la respuesta incorrecta. Una explicación es una descripción de cómo, cuándo o por qué ocurre algo. En la explicación:

a) Nos aseguraremos de dar la información correcta.
b) Evitaremos tecnicismos, utilizando un lenguaje simple y coloquial.
c) Interpretaremos lo que el ciudadano cliente quiere decir para asegurarnos la razón de su demanda.
d) No asumiremos que el cliente sabe de temas de la Administración.

23. Indica la respuesta incorrecta. En cuanto a la escucha activa, es una técnica que:

a) Utiliza el lenguaje verbal.
b) Permite tranquilizar y relajar el ánimo del cliente.
c) Refleja la actitud de estar al servicio del cliente.
d) Transmite interés por el problema.

24. Las reglas para tratar una reclamación de un cliente agresivo son las siguientes EXCEPTO una; señala cuál:

a) Permanecer calmado.
b) Escuchar objetivamente la situación.
c) Evitar establecer hechos desviando el motivo de la reclamación para disminuir la tensión.
d) Proponer una solución.

25. Uno de los aspectos positivos del feedback es:

a) Aclara las relaciones entre personas y ayuda a comprender mejor al otro.
b) Escucha y resume las ideas básicas.
c) Establece un clima agradable.
d) Evita distracciones.

26. ¿Cuál es la norma que regula los servicios de información administrativa y atención al ciudadano?

a) Decreto 3143/1971, de 16 de diciembre.
b) Decreto 136/1971, de 12 de junio.
c) Decreto 35/1971, de 18 de enero.
d) Real Decreto 208/1996, de 9 de febrero.

27. ¿Qué elemento de la comunicación es el papel en el lenguaje escrito?

a) Código.
b) Contexto.
c) Canal.
d) Receptor.

28. ¿Cuál es el comportamiento característico de personas con baja autoestima y generalmente no manifiestan su opinión?

a) Pasivo.
b) Negativo.
c) Agresivo.
d) Pasivo-agresivo.

29. En la atención telefónica, en el caso de la recepción de una llamada, ¿cuál es la recomendación ante una objeción realizada por un ciudadano?

a) Contestar a la mayor brevedad posible.
b) Intentar sonreír.
c) Proporcionar información.
d) Encadenar después de la última palabra la respuesta con la argumentación.

30. Cuando nos referimos a una comunicación dentro de un grupo, estamos hablando de una comunicación:

a) Interpersonal.
b) Intrapersonal.
c) Intergrupal.
d) Intracomunitaria.

Solución al test n.º 6

1. a) Podrán elegir si se comunican con las Administraciones Públicas a través de medios electrónicos o no.

2. c) La igualdad de las partes en los procesos judiciales y la tutela judicial efectiva.

3. d) Un Punto de Acceso General electrónico de la Administración.

4. a) Los empleados de las Administraciones Públicas en toda relación con estas.

5. d) Sí, podrá obligarse reglamentariamente para determinados procedimientos y para ciertos colectivos de personas físicas que, por razón de su capacidad económica, técnica, dedicación profesional u otros motivos quede acreditado que tienen acceso y disponibilidad de los medios electrónicos necesarios.

6. c) Canales.

7. b) La concerniente al estado o contenido de los procedimientos en tramitación, y a la identificación de las autoridades y personal al servicio de las Administración General del Estado y de las entidades de derecho público vinculadas o dependientes de la misma bajo cuya responsabilidad se tramiten aquellos procedimientos.

8. b) Solo podrá ser facilitada a las personas que tengan la condición de interesados en cada procedimiento o a sus representantes legales.

9. c) Funciones de recepción y acogida a los ciudadanos.

10. d) Sí, cuando así se haya dispuesto reglamentariamente.

11. a) Una interpretación normativa.

12. b) Una sugerencia.

13. c) 20 días hábiles.

14. a) Ley Orgánica 4/2001, de 12 de noviembre.

15. d) Por escrito.

16. a) Toda persona natural o jurídica, prescindiendo de su nacionalidad.

17. c) Lenguaje corporal.

18. a) Asertivo.

19. b) Apelativa o conativa.

20. b) Ruido.

21. c) Tener conocimientos técnicos.

22. c) Interpretaremos lo que el ciudadano cliente quiere decir para asegurarnos la razón de su demanda.

23. a) Utiliza el lenguaje verbal.

24. c) Evitar establecer hechos desviando el motivo de la reclamación para disminuir la tensión.

25. a) Aclara las relaciones entre personas y ayuda a comprender mejor al otro.

26. d) Real Decreto 208/1996, de 9 de febrero.

27. c) Canal.

28. a) Pasivo.

29. d) Encadenar después de la última palabra la respuesta con la argumentación.

30. a) Interpersonal.

TEST N.º 7

Control de acceso, identificación, información, atención y recepción de personal visitante

1. La medida preventiva de seguridad consistente en la supervisión y regulación del tránsito de personas, vehículos y objetos a través de una o varias zonas de un edificio público, se llama:

a) Apertura de instalaciones.
b) Control de accesos.
c) Acreditación de visitantes.
d) Identificación automática.

2. El principal objetivo del control de accesos es:

a) Obtener información de cuántas personas acceden al edificio diariamente.
b) La información al ciudadano sobre el lugar al que se ha de dirigir.
c) Minimizar o descartar riesgos de seguridad derivados de entradas y salidas no autorizadas.
d) Favorecer el uso de la administración electrónica.

3. La norma UNE-EN 60839:2014 cataloga los sistemas de control de accesos de grado 3 como:

a) Alto riesgo.
b) Bajo riesgo.
c) Riesgo entre bajo y medio.
d) Riesgo entre medio y alto.

4. Cuando para acceder al interior de un edificio se exige algún tipo de credencial, la forma de control de accesos será:

a) Regulación del tránsito.
b) Recepción de personas visitantes y usuarios.
c) Registro de movimientos.
d) Apertura de puertas.

5. ¿Cuál de los siguientes es un sistema de credencial material?

a) La huella digital.
b) La cerradura de combinación.
c) El iris de los ojos.
d) La tarjeta de control.

6. ¿Cuál de los siguientes es un sistema de credencial de conocimientos?

a) La voz.
b) Los emisores de radiofrecuencia.
c) La cerradura de combinación.
d) La llave magnética.

7. Señalar de los siguientes sistemas de credenciales, el de conocimiento:

a) Emisor de infrarrojos.
b) Tarjeta holográfica.
c) Teclado digital.
d) Geometría de la mano.

8. ¿Cuál de los siguientes es un sistema de credencial personal?

a) Rasgos faciales.
b) Escritura.
c) Emisor de ultrasonido.
d) Llave mecánica.

9. De los siguientes términos, ¿cuál se refiere a los elementos del tipo portillos motorizados o pasillos automatizados, dispuestos en los puntos de acceso que se utilizan como entrada al edificio para canalizar la entrada por los lugares indicados y restringir el paso para que solo sea utilizado por personas autorizadas?

a) Alarmas.
b) Tornos.
c) Conserjería.
d) Garitas.

10. Señalar la opción incorrecta en relación al control de accesos de objetos:

a) Los encargados del control de entrada y salida podrán comprobar, cuando así se les encomiende, el contenido de los bultos o paquetes sospechosos que el personal o los usuarios del Servicio entren o saquen de los locales.
b) Deben declararse a la entrada los objetos que a la salida pudieran dar lugar a dudas sobre la licitud de su tenencia.

c) No se permitirá la salida de ningún objeto o material de servicio que no haya sido declarado a la entrada, aunque tenga autorización.

d) Cuando por obras u otra causa, alguna dependencia precise dar salida a un considerable volumen de objetos o material, deberá participarlo al personal de control de entrada y salida para su debido control.

11. El arco detector de metales no es válido para detectar:

a) Herramientas.
b) Drogas.
c) Artefactos explosivos.
d) Armas.

12. El sistema de control de acceso de vehículos puede utilizarse en zonas de aparcamiento exclusivas del organismo y, generalmente, con capacidad para al menos:

a) 10 vehículos.
b) 30 vehículos.
c) 50 vehículos.
d) 100 vehículos.

13. A la hora de distinguir los rasgos más importantes para describir a una persona, se considera una característica especial:

a) La edad.
b) La raza.
c) La forma de la cara.
d) El sexo.

14. No forma parte de la función de apertura de edificios:

a) Gestionar el servicio de guardarropas.
b) Inspeccionar visualmente los elementos estructurales de acceso exteriores.
c) Desconectar el sistema de alarma.
d) Encender las luces principales del edificio.

15. No es cierto que la ronda de seguridad:

a) Incluya verificar el estado general de las instalaciones en materia de seguridad.
b) Se puede realizar en cualquier momento de la jornada.
c) Se realice recorriendo planta a planta, inspeccionando y asegurando cada una de ellas.
d) Incluya comprobar el correcto funcionamiento de los equipos y sistemas de detección y alarma.

16. Las áreas sensibles de un edificio de un organismo público son aquellas zonas, salas o despachos que, por circunstancias concretas, requieran de una atención de seguridad específica. Se consideran como tales:

a) Las plantas más altas del edificio.
b) Las áreas administrativas.
c) Los salones de actos.
d) Las salas de cuartos de máquinas e instalaciones.

17. Señala, de las siguientes, cuál es la opción incorrecta en relación con la inspección de los despachos de dirección y altos cargos:

a) La inspección se realizará todos los días a partir de la finalización del horario laboral normalizado, cuando la dirección o alto cargo y su secretaria o secretario hayan abandonado el edificio.
b) Se comprobará que el despacho esté cerrado; en el caso de que esté abierto, se comprobará la presencia e identidad de quien permanezca en su interior.
c) Si hubiera alguien en el interior, a la salida se cerrarán las puertas y se registrará el hecho como incidencia en el libro oficial de incidencias o aplicación informática correspondiente.
d) Aunque las puertas de los despachos estén cerradas o no se detecten irregularidades desde el exterior, durante la inspección de la ronda de seguridad se deberá entrar para cerciorarse de que todo está correcto en el interior.

18. La puesta en marcha de instalaciones por parte del personal subalterno comprende la puesta a punto y en servicio de… (Señala la opción incorrecta):

a) La calefacción o refrigeración de la sala.
b) Los ordenadores de los distintos puestos administrativos.
c) Los sistemas de ventilación exterior y/o interior.
d) La iluminación artificial y/o natural.

19. Son elementos de las instalaciones de climatización:

a) Los equipos de alumbrado de emergencia.
b) Los sistemas de prevención de sobretensiones y protección con pararrayos.
c) Las motobombas.
d) Los sistemas de abastecimiento de agua contra incendios.

20. Señala la opción correcta relacionada con la función de custodia y control de llaves:

a) La custodia y control de llaves de cualquier edificio de un organismo público es responsabilidad del personal subalterno.
b) Las llaves son para uso exclusivo del personal subalterno, no pudiendo cederse temporalmente bajo ningún concepto a otras personas del centro o ajenas al mismo.

c) Cualquier persona del centro podrá solicitar el uso y disfrute de copias de las llaves de las dependencias en las que trabaje.

d) El subalterno encargado de la custodia y control de llaves del edificio registrará en el libro oficial de registro o aplicación informática los movimientos de llaves, entrega y recogida solicitadas por personal laboral y contratas externas autorizadas por la administración del edificio.

21. Reformular o parafrasear lo que dice el cliente (fenómeno eco) ayuda a:

a) Defender nuestra información.
b) Evitar valores e interpretaciones morales.
c) Mostrar sinceridad.
d) Demostrar que hemos comprendido bien.

22. Cuando un cliente se acerca a la Administración espera, entre otras cosas, recibir información precisa sobre su problema o necesidad. En la explicación:

a) Procuraremos usar tecnicismos para dar más precisión al mensaje.
b) Conviene automatizar la respuesta para que salga de carrerilla.
c) Nos aseguraremos de dar la información correcta sin inventar nada.
d) Asumiremos de entrada que el cliente conoce el proceder de la Administración y sus trámites administrativos.

23. En el trato con el ciudadano, la negociación es el proceso de:

a) Alcanzar un mutuo acuerdo cuando existe una disparidad de intereses.
b) Tratar de convencer al ciudadano de cierta posición o conclusión.
c) Describir con detalle los elementos de nuestra información.
d) Discutir cuando no se quiere llegar a un acuerdo.

24. ¿Cuál de las siguientes funciones de la atención personalizada al ciudadano tiene por objeto mejorar la calidad de los servicios, incrementar el rendimiento o el ahorro del gasto público, simplificar trámites o suprimir los que sean necesarios, o cualquier otra demanda que suponga un mayor grado de satisfacción de la sociedad en sus relaciones con la Administración:

a) De recepción y de acogida a los ciudadanos.
b) De recepción de las iniciativas o sugerencias formuladas por los ciudadanos.
c) De asistencia a los ciudadanos en el ejercicio del derecho de petición.
d) De recepción y de acogida a los ciudadanos.

25. El Modelo EFQM de Excelencia es:

a) Un modelo de atención personalizada al ciudadano.
b) Un modelo de gestión de la calidad.

c) Un modelo de registro automático de entrada y salida de información.

d) Un modelo de control de visitas.

26. La información administrativa presencial es aquella que:

a) Es ofrecida por un funcionario o autoridad identificada.

b) Se ofrece de forma personalizada.

c) Tiene un emisor y un receptor concretos.

d) Se ofrece en persona a los ciudadanos cuando estos la demanden en cualquiera de las dependencias administrativas.

27. En relación con la información administrativa a distancia, es cierto que:

a) Se dirigirá exclusivamente a colectivos de personas físicas o jurídicas, grupos sociales, instituciones o corporaciones.

b) Requiere la utilización del Punto de Acceso General electrónico de la Administración.

c) Habrá de tener un contenido objetivo, e indicará, en su caso, los medios y lugares donde los ciudadanos se podrán dirigir en demanda de mayor información o para la realización de los trámites administrativos a que se refieran, así como la normativa aplicable.

d) Se refiere a la publicidad institucional de la Administración.

28. Señala la respuesta incorrecta. La información administrativa particular solo se podrá ofrecer mediante comunicaciones a distancia por medios telefónicos, electrónicos, informáticos o telemáticos cuando conste fehacientemente acreditada:

a) La personalidad del solicitante.

b) La pluralidad de interesados.

c) La condición de interesado del solicitante.

d) La seguridad en la transmisión.

29. Es una función del servicio telefónico de la Administración:

a) Ofrecer información administrativa a través de múltiples canales.

b) Ofrecer información administrativa de carácter particular que sirva de orientación a los ciudadanos que hayan de relacionarse con la Administración.

c) Asistir a los ciudadanos en el ejercicio del derecho de petición reconocido en el artículo 29 de la Constitución.

d) Permitir el acceso directo a los órganos directivos de la Administración.

30. Al mecanismo, instalación, equipo o sistema de tratamiento de la información que permite, utilizando la electrónica, la informática y la telemática, producir, almacenar o transmitir documentos, datos e informaciones, le denominamos:

a) Medio.

b) Soporte.

c) Programa.

d) Aplicación.

31. En relación con las técnicas de administración electrónica, es cierto que:

a) Su utilización no estará limitada por el ordenamiento jurídico.

b) Podrá implicar la existencia de restricciones o discriminaciones en el acceso de los ciudadanos a la prestación de servicios públicos o a los procedimientos administrativos.

c) No podrán afectar directa o indirectamente a los derechos e intereses, individuales o colectivos de los ciudadanos.

d) Son un conjunto de actividades e instrumentos que se producen por la conjunción de la electrónica, la informática o la telemática, utilizados por la Administración.

32. En relación con la atención ciudadana, el Código de Buen Gobierno Local de la Federación Española de Municipios y Provincias –FEMP–, (aprobado en Junta de Gobierno de 24 de marzo de 2015), señala que:

a) Se coordinará una atención generalista, integrada en un solo servicio (Oficinas de Atención Ciudadana).

b) La información general se deberá suministrar desde las propias Unidades que la generan.

c) La información especializada se suministrará integrada en las Oficinas de Atención Ciudadana.

d) Tanto la información general como la especializada deberán suministrarse de forma coordinada desde las propias Unidades que las generen.

33. ¿Cuál de los siguientes elementos básicos de la comunicación se refiere al lenguaje en el que emitimos el mensaje?

a) El emisor.

b) El receptor.

c) El canal.

d) El código.

34. En relación con la comunicación no verbal, es falso que:

a) La quietud y el reposo son posturas de clara atención al interlocutor.

b) La quietud ha de ser rígida para mostrar que no se está deseando que el otro acabe de hablar.

c) Comunicamos constantemente nuestro estado emocional a través de inconscientes gestos.

d) Cuando hablamos, nuestra voz comunica una gran cantidad de información no incluida en los sonidos de las palabras que pronunciamos (el paralenguaje).

35. La atención personalizada al ciudadano no comprende la función de:

a) Recepción y acogida a los ciudadanos.

b) Orientación e información.

c) Gestión.

d) Enjuiciamiento.

Solución al test n.º 7

1. b) Control de accesos.

2. c) Minimizar o descartar riesgos de seguridad derivados de entradas y salidas no autorizadas.

3. d) Riesgo entre medio y alto.

4. a) Regulación del tránsito.

5. d) La tarjeta de control.

6. c) La cerradura de combinación.

7. c) Teclado digital.

8. a) Rasgos faciales.

9. b) Tornos.

10. c) No se permitirá la salida de ningún objeto o material de servicio que no haya sido declarado a la entrada, aunque tenga autorización.

11. b) Drogas.

12. a) 10 vehículos.

13. c) La forma de la cara.

14. a) Gestionar el servicio de guardarropas.

15. b) Se puede realizar en cualquier momento de la jornada.

16. d) Las salas de cuartos de máquinas e instalaciones.

17. d) Aunque las puertas de los despachos estén cerradas o no se detecten irregularidades desde el exterior, durante la inspección de la ronda de seguridad se deberá entrar para cerciorarse de que todo está correcto en el interior.

18. b) Los ordenadores de los distintos puestos administrativos.

19. c) Las motobombas.

20. d) El subalterno encargado de la custodia y control de llaves del edificio registrará en el libro oficial de registro o aplicación informática los movimientos de llaves, entrega y recogida solicitadas por personal laboral y contratas externas autorizadas por la administración del edificio.

21. d) Demostrar que hemos comprendido bien.

22. c) Nos aseguraremos de dar la información correcta.

23. a) Alcanzar un mutuo acuerdo cuando existe una disparidad de intereses.

24. b) De recepción de las iniciativas o sugerencias formuladas por los ciudadanos.

25. b) Un modelo de gestión de la calidad .

26. d) Se ofrece en persona a los ciudadanos cuando estos la demanden en cualquiera de las dependencias administrativas.

27. c) Habrá de tener un contenido objetivo, e indicará, en su caso, los medios y lugares donde los ciudadanos se podrán dirigir en demanda de mayor información o para la realización de los trámites administrativos a que se refieran, así como la normativa aplicable.

28. b) La pluralidad de interesados.

29. c) Asistir a los ciudadanos en el ejercicio del derecho de petición reconocido en el artículo 29 de la Constitución.

30. a) Medio.

31. d) Son un conjunto de actividades e instrumentos que se producen por la conjunción de la electrónica, la informática o la telemática, utilizados por la Administración.

32. a) Se coordinará una atención generalista, integrada en un sólo servicio (Oficinas de Atención Ciudadana).

33. d) El código.

34. b) La quietud ha de ser rígida para mostrar que no se está deseando que el otro acabe de hablar.

35. d) Enjuiciamiento.

TEST N.º 8

Manejo de máquinas reproductoras y otras análogas

1. Para horadar o perforar hojas con objeto de introducirlas en archivadores AZ, utilizaremos:

a) La ensobradora.
b) La guillotina.
c) La taladradora.
d) La cizalla.

2. ¿Qué tipo de escáner se utiliza para escanear elementos frágiles?

a) De rodillo.
b) De tambor.
c) De cama plana.
d) Cenital.

3. Son máquinas reproductoras:

a) Las guillotinadoras.
b) Las encuadernadoras.
c) Los escáneres.
d) Las plastificadoras.

4. Las fotocopiadoras electroestáticas se caracterizan porque:

a) Usan papel normal.
b) El documento original es barrido por un rayo de luz intensa que proyecta la imagen sobre un tambor por donde se distribuye el tóner, que adhiriéndose a la zona donde hay imagen, reproduce el original.
c) La imagen se transfiere al papel que, al calentarse, fija el pigmento sobre la copia.
d) La imagen a reproducir se proyecta directamente sobre el papel especial cuya superficie queda sensibilizada con cargas eléctricas.

5. La medida 420 x 297 mm corresponde a un:

a) A3.
b) A4.
c) B5.
d) B1.

6. En la fase de calentamiento de la fotocopiadora, ¿pueden realizarse copias?

a) Únicamente en las fotocopiadoras profesionales.
b) Sí.
c) No.
d) A veces se pueden realizar en las fotocopiadoras personales.

7. El fax funciona a través de:

a) La línea eléctrica.
b) La línea telefónica.
c) El módem.
d) Ondas de radio.

8. Si vamos a realizar fotocopias sin servirnos del alimentador recirculante de originales, ¿cómo dejaremos la cubierta superior de la máquina?

a) Preferiblemente abierta.
b) Cerrada.
c) Necesariamente abierta.
d) Si la cubierta superior no está cerrada, la máquina no funciona.

9. ¿Qué máquinas hacen al papel inservible e ilegible?

a) Las máquinas destructoras.
b) Las máquinas fresadoras.
c) Las taladradoras.
d) Las cizallas.

10. De las siguientes, es una impresora de impacto:

a) La impresora láser.
b) La impresora multifunción.
c) La impresora de inyección de tinta.
d) La impresora de margarita.

11. Las encuadernadoras:

a) Son máquinas capaces de obtener una copia exacta de un documento original mediante un proceso electrostático.
b) Son máquinas cuya función es la destrucción de papel, de forma que quede absolutamente inservible e ilegible.

c) Se utilizan para ordenar y presentar adecuadamente los documentos, clasificándolos e incorporándoles portadas.

d) Se utilizan para plastificar documentos, con objeto de preservarlos de manchas o del deterioro.

12. La plancha tipográfica en la que se ha reproducido una composición o un grabado para su posterior impresión, se llama:

a) Tóner.
b) Reset.
c) Starter.
d) Cliché.

13. El tóner es:

a) La "tinta" de la fotocopiadora.
b) El alimentador de la fotocopiadora.
c) El sistema de transporte de la fotocopiadora.
d) El tono de impresión requerido para una copia.

14. El "canutillo" es un tipo de:

a) Grapado.
b) Encuadernado.
c) Plastificado.
d) Franqueado.

15. La resma es:

a) Un tipo de papel.
b) Una medida tradicional para contar hojas de papel.
c) Un formato de papel.
d) El papel sobrante después del guillotinado.

16. Los escáneres de las fotocopiadoras son del tipo:

a) Escáneres de rodillo.
b) Escáneres de mano.
c) Escáneres cenitales.
d) Escáneres de cama plana.

17. ¿Qué impresora contiene una esfera con varios caracteres que gira hasta posicionar el carácter pretendido en frente de un pequeño martillo?

a) Impresora de margarita.
b) Impresora de agujas.

c) Impresora láser.
d) Impresora de línea.

18. ¿Qué tres colores utilizan las impresoras para hacer copias a color?

a) Negro, amarillo y cián.
b) Amarillo, cián y magenta.
c) Negro, cián y magenta.
d) Negro, blanco y magenta.

19. ¿Qué se entiende por reprografía?

a) Un conjunto de técnicas y medios para reproducir documentos e imágenes.
b) Un sistema de archivo digital.
c) Un método de envío de correos electrónicos.
d) Un tipo de escáner especializado.

20. ¿Qué tipo de fotocopiadora utiliza papel normal?

a) Electrostática.
b) Digital.
c) Xerográfica.
d) Térmica.

21. ¿Qué tipo de polvo se utiliza en las fotocopiadoras xerográficas?

a) Tóner.
b) Grafito.
c) Polvo de carbón.
d) Tinta líquida.

22. ¿Qué componente de la fotocopiadora es fotosensible?

a) El tóner.
b) El tambor giratorio.
c) El cristal de copia.
d) La bandeja de papel.

23. ¿Quién inventó la técnica de la xerografía?

a) Thomas Edison.
b) Alexander Graham Bell.
c) Chester Carlson.
d) Nikola Tesla.

24. ¿Qué tipo de fotocopiadoras requieren un papel especial?

a) Xerográficas.
b) Electrostáticas.
c) Digitales.
d) Térmicas.

25. ¿Qué avance significativo introdujo la empresa Canon en 1973?

a) Fotocopiadoras portátiles.
b) Fotocopiadoras a color.
c) Impresoras láser.
d) Escáneres multifunción.

26. ¿Cuál es la velocidad de copiado típica de las fotocopiadoras de oficina?

a) Menos de 10 copias por minuto.
b) Entre 12 y 40 copias por minuto.
c) Más de 100 copias por minuto.
d) Entre 50 y 70 copias por minuto.

27. ¿Cuál es la función de la tecla reiniciar en una fotocopiadora?

a) Encender la fotocopiadora.
b) Ajustar el brillo de las copias.
c) Devolver la máquina a su configuración predeterminada.
d) Apagar la fotocopiadora.

28. ¿Cuál es el componente encargado de transferir el tóner al papel?

a) La lámpara de exposición.
b) El cristal de copia.
c) El tambor.
d) El fusor.

29. ¿Cuál es el propósito del tóner reciclado?

a) Mejorar la calidad de la impresión.
b) Reducir el costo y el impacto ambiental.
c) Aumentar la velocidad de copiado.
d) Facilitar el mantenimiento de la fotocopiadora.

30. ¿Qué gas tóxico generan las fotocopiadoras?

a) Monóxido de carbono.
b) Ozono.

c) Dióxido de nitrógeno.
d) Amoníaco.

31. ¿Cuál es el primer paso al limpiar una fotocopiadora?

a) Apagar el interruptor principal.
b) Desenchufar la máquina.
c) Limpiar el cristal de copia.
d) Usar un paño seco.

32. ¿Qué deben evitar las personas al manejar tóner?

a) Usar guantes.
b) Exponerse a la luz solar.
c) Inhalar el polvo de tóner.
d) Limpiar con agua.

33. ¿Qué es una multicopista?

a) Una máquina que sirve para sacar copias de originales por procedimientos distintos a la fotografía o la imprenta.
b) Una impresora multifunción.
c) Una máquina fotográfica.
d) Un escáner avanzado.

34. ¿Qué tipo de máquina utiliza un original positivo escrito con tinta soluble en agua?

a) Ciclostilo.
b) Hectógrafo.
c) Multicopista digital.
d) Imprenta offset.

35. ¿Qué elemento es esencial para el funcionamiento de una multicopista?

a) Tóner.
b) Cliché.
c) Láser.
d) Cristal de exposición.

36. ¿Cuál es la ventaja principal del uso de multicopistas en centros educativos?

a) Mayor calidad de impresión.
b) Considerable ahorro económico ante elevadas tiradas de papel.
c) Menor necesidad de mantenimiento.
d) Mayor velocidad de impresión.

37. ¿Qué método de impresión utiliza planchas con zonas de imagen que sobresalen o en relieve?

a) Tipográfica.
b) Flexográfica.
c) Huecograbado.
d) Planográfica.

38. ¿Qué tipo de papel se utiliza en los clichés electrónicos de las multicopistas modernas?

a) Papel normal.
b) Papel fotográfico.
c) Papel cebolla.
d) Papel reciclado.

39. ¿Qué componente de una multicopista se utiliza para alinear las copias impresas en la bandeja de salida?

a) Tambor.
b) Cristal de exposición.
c) Placas laterales de salida del papel.
d) Panel de control.

40. ¿Qué debe hacerse primero al cargar el papel en una multicopista?

a) Abrir cuidadosamente la bandeja de alimentación del papel.
b) Ajustar las placas laterales de salida del papel.
c) Encender el interruptor principal.
d) Colocar el original en el cristal de exposición.

41. ¿Qué tecla se utiliza para iniciar una impresión estándar en una multicopista?

a) Tecla de prueba.
b) Tecla de parada.
c) Tecla de inicio.
d) Tecla de reinicio.

42. ¿Qué se debe hacer si el papel se ondula durante la carga en una multicopista?

a) Colocar el papel con el lado ondulado hacia abajo.
b) Ajustar las placas laterales.
c) Cambiar el tipo de papel.
d) Encender el interruptor principal.

43. ¿Cuál es la función de la palanca de bloqueo de la unidad de tambor en una multicopista?

a) Alinear las copias impresas.
b) Encender la máquina.
c) Extraer la unidad de tambor.
d) Ajustar la densidad de la imagen.

44. ¿Qué se recomienda hacer después de eliminar un atasco en una multicopista?

a) Apagar el interruptor principal.
b) Comprobar que están cerradas todas las puertas, cubiertas y unidades.
c) Reiniciar la máquina.
d) Cambiar el tipo de papel.

45. ¿Qué tipo de máquina se utiliza para hacer un cliché electrónico en las multicopistas modernas?

a) Una máquina de escribir.
b) Una máquina con el cliché en su interior, enrollado y con aspecto de "papel cebolla".
c) Una impresora láser.
d) Un escáner avanzado.

46. ¿Qué debe hacerse antes de utilizar un nuevo máster en una multicopista?

a) Limpiar el cristal de exposición.
b) Ajustar las placas laterales de salida del papel.
c) Retirar el rollo de máster usado.
d) Comprobar la densidad de la imagen.

47. ¿Cuál es la función de las aletas de alineación del papel en una multicopista?

a) Ajustar la densidad de la imagen.
b) Subir o bajar dependiendo del tipo de papel.
c) Encender la máquina.
d) Iniciar la impresión.

48. ¿Cuál es la función principal de una destructora de documentos?

a) Destruir documentos en papel de manera que queden inservibles e ilegibles.
b) Digitalizar documentos para archivarlos.
c) Imprimir documentos confidenciales.
d) Enviar documentos por fax.

49. ¿Cuál es una característica de las grapadoras eléctricas?

a) Son manuales y requieren fuerza para funcionar.
b) Unen hojas automáticamente al detectar el documento.

c) Utilizan adhesivos en lugar de grapas.
d) Solo pueden grapar hasta 10 hojas.

50. ¿Qué tipo de encuadernadora utiliza calor para unir las hojas?

a) Encuadernadora de espiral.
b) Encuadernadora de canutillo.
c) Termoencuadernadora.
d) Encuadernadora de rosetas.

51. ¿Qué tipo de papel no puede ser plegado por una máquina plegadora?

a) Papel vegetal o película.
b) Papel normal.
c) Papel reciclado.
d) Papel de colores.

52. ¿Cuál es la capacidad de las destructoras de documentos de oficina?

a) Solo pueden destruir una hoja a la vez.
b) Tienen una velocidad máxima de 3 metros por minuto.
c) Funcionan a velocidades entre 6 y 15 metros por minuto.
d) Solo destruyen papel discontinuo.

53. ¿Qué característica no corresponde a una impresora láser?

a) Produce texto en blanco y negro de alta calidad.
b) Tiene un costo alto por página.
c) Utiliza un tóner para imprimir.
d) El papel sale caliente después de la impresión.

54. ¿Qué función adicional puede tener una máquina plegadora?

a) Ensobrar documentos.
b) Destruir documentos.
c) Imprimir documentos.
d) Digitalizar documentos.

55. ¿Qué tipo de impresora es ideal para una oficina con una carga de trabajo alta?

a) Impresora láser.
b) Impresora de inyección de tinta.
c) Impresora matricial.
d) Impresora de margarita.

56. ¿Cuál es una ventaja del grapado con grapadora eléctrica?

a) Requiere menos grapas.
b) La máquina se activa automáticamente.
c) Utiliza adhesivo en lugar de grapas.
d) Puede grapar solo un máximo de 10 hojas.

57. ¿Qué método de encuadernación permite la inclusión de nuevas páginas?

a) Termoencuadernadora.
b) Encuadernadora de espiral o gusanillo.
c) Encuadernadora de fresado.
d) Encuadernadora de rosetas.

58. ¿Qué tipo de plastificación utiliza una máquina con rodillos que alcanzan alta temperatura?

a) Plastificación térmica.
b) Plastificación en frío.
c) Plastificación manual.
d) Plastificación de presión.

59. ¿Cuál es una característica de las máquinas franqueadoras modernas?

a) Solo funcionan con franqueo manual.
b) Permiten la estampación mecánica del franqueo.
c) Solo admiten cartas de hasta 100 gramos.
d) No requieren autorización para su uso.

60. ¿Qué método de encuadernación es conocido por su rapidez y perfecto acabado?

a) Encuadernadora de espiral.
b) Encuadernadora de canutillo.
c) Termoencuadernadora.
d) Encuadernadora de fresado.

61. ¿Qué tipo de impresora utiliza boquillas en el cabezal de impresión para emitir tinta?

a) Impresora de inyección de tinta.
b) Impresora láser.
c) Impresora matricial.
d) Impresora de margarita.

62. ¿Cuál es una característica de una máquina destructora con célula fotoeléctrica?

a) Detecta papel y se pone en funcionamiento automáticamente.
b) Solo destruye papel continuo.

c) Requiere operación manual para cada hoja.
d) No tiene retromarcha automática.

63. ¿Qué es el papel?

a) Una estructura obtenida sobre la base de fibras vegetales de celulosa.
b) Un producto sintético utilizado en impresión.
c) Un material hecho exclusivamente de pulpa reciclada.
d) Una tela utilizada en impresoras antiguas.

64. ¿Cuál es una de las principales propiedades mecánicas del papel?

a) Blancura.
b) Rigidez.
c) Brillo.
d) Opacidad.

65. ¿Qué tipo de papel se utiliza para fabricar cajas de cartón corrugado?

a) Papel de impresión.
b) Papel para corrugar.
c) Papel tisú.
d) Papel verjurado.

66. ¿Cuál es el tamaño estándar del papel A4?

a) 841 × 594 mm.
b) 594 × 420 mm.
c) 420 × 297 mm.
d) 297 × 210 mm.

67. ¿Qué significa la etiqueta "Totally Chlorine Free" (TCF) en el papel?

a) Que el papel ha sido reciclado al 100 %.
b) Que el papel es completamente blanco.
c) Que el papel ha sido fabricado sin cloro.
d) Que el papel es resistente al agua.

68. ¿Qué tipo de papel se utiliza principalmente para libros y cuadernos?

a) Papel de impresión y escritura.
b) Papel tisú.
c) Papel vitela.
d) Papel verjurado.

69. ¿Cuál es la capacidad de una resma de papel según la definición tradicional?

a) 100 hojas.
b) 250 hojas.
c) 500 hojas.
d) 1000 hojas.

70. ¿Qué tipo de papel es ideal para la impresión de viñetas por su superficie lisa y satinada?

a) Papel Whatman.
b) Papel verjurado.
c) Papel vitela.
d) Papel tisú.

71. ¿Qué tipo de papel se utiliza comúnmente en los baños y cocinas?

a) Papel tisú.
b) Papel de impresión.
c) Papel verjurado.
d) Papel reciclado.

72. ¿Qué propiedad del papel indica su capacidad de mantener sus dimensiones originales?

a) Gramaje.
b) Blancura.
c) Estabilidad dimensional.
d) Rigidez.

73. ¿Qué tipo de papel deja ver unas rayas al trasluz a modo de filigrana?

a) Papel verjurado.
b) Papel vitela.
c) Papel tisú.
d) Papel de impresión.

74. ¿Qué tamaño de papel se utiliza generalmente para tarjetas postales?

a) A4.
b) A3.
c) A5.
d) A6.

75. ¿Cuál es la relación entre la longitud y el ancho en los formatos de papel de la serie A?

a) 1,618.
b) 1,4142.
c) 2,100.
d) 1,732.

76. ¿Qué proceso implica la separación de tintas durante el reciclaje del papel?

a) Clasificación.
b) Tinta y blanqueo.
c) Enfardado.
d) Tratamiento.

77. ¿Qué tamaño de papel es similar al de una tarjeta de visita?

a) A4.
b) A3.
c) A5.
d) A8.

78. ¿Qué tamaño de papel se usa para pequeños pósteres o diagramas?

a) A4.
b) A3.
c) A5.
d) A8.

Solución al test n.º 8

1. c) La taladradora.

2. d) Cenital.

3. c) Los escáneres.

4. d) La imagen a reproducir se proyecta directamente sobre el papel especial cuya superficie queda sensibilizada con cargas eléctricas.

5. a) A3.

6. c) No.

7. b) La línea telefónica.

8. b) Cerrada.

9. a) Las máquinas destructoras.

10. d) La impresora de margarita.

11. c) Se utilizan para ordenar y presentar adecuadamente los documentos, clasificándolos e incorporándoles portadas.

12. d) Cliché.

13. a) La "tinta" de la fotocopiadora.

14. b) Encuadernado.

15. b) Una medida tradicional para contar hojas de papel.

16. d) Escáneres de cama plana.

17. a) Impresora de margarita.

18. b) Amarillo, cian y magenta.

19. a) Un conjunto de técnicas y medios para reproducir documentos e imágenes.

20. c) Xerográfica.

21. a) Tóner.

22. b) El tambor giratorio.

23. c) Chester Carlson.

24. b) Electrostáticas.

25. b) Fotocopiadoras a color.

26. b) Entre 12 y 40 copias por minuto.

27. c) Devolver la máquina a su configuración predeterminada.

28. c) El tambor.

29. b) Reducir el costo y el impacto ambiental.

30. b) Ozono.

31. a) Apagar el interruptor principal.

32. c) Inhalar el polvo de tóner.

33. a) Una máquina que sirve para sacar copias de originales por procedimientos distintos a la fotografía o la imprenta.

34. b) Hectógrafo.

35. b) Cliché.

36. b) Considerable ahorro económico ante elevadas tiradas de papel.

37. a) Tipográfica.

38. c) Papel cebolla.

39. c) Placas laterales de salida del papel.

40. a) Abrir cuidadosamente la bandeja de alimentación del papel.

41. c) Tecla de inicio.

42. a) Colocar el papel con el lado ondulado hacia abajo.

43. c) Extraer la unidad de tambor.

44. b) Comprobar que están cerradas todas las puertas, cubiertas y unidades.

45. b) Una máquina con el cliché en su interior, enrollado y con aspecto de "papel cebolla".

46. c) Retirar el rollo de máster usado.

47. b) Subir o bajar dependiendo del tipo de papel.

48. a) Destruir documentos en papel de manera que queden inservibles e ilegibles.

49. b) Unen hojas automáticamente al detectar el documento.

50. c) Termoencuadernadora.

51. a) Papel vegetal o película.

52. c) Funcionan a velocidades entre 6 y 15 metros por minuto.

53. b) Tiene un costo alto por página.

54. a) Ensobrar documentos.

55. a) Impresora láser.

56. b) La máquina se activa automáticamente.

57. b) Encuadernadora de espiral o gusanillo.

58. a) Plastificación térmica.

59. b) Permiten la estampación mecánica del franqueo.

60. c) Termoencuadernadora.

61. a) Impresora de inyección de tinta.

62. a) Detecta papel y se pone en funcionamiento automáticamente.

63. a) Una estructura obtenida sobre la base de fibras vegetales de celulosa.

64. b) Rigidez.

65. b) Papel para corrugar.

66. d) 297 × 210 mm.

67. c) Que el papel ha sido fabricado sin cloro.

68. a) Papel de impresión y escritura.

69. c) 500 hojas.

70. c) Papel vitela.

71. a) Papel tisú.

72. c) Estabilidad dimensional.

73. a) Papel verjurado.

74. d) A6.

75. b) 1,4142.

76. b) Tinta y blanqueo.

77. d) A8.

78. b) A3.

TEST N.º 9

Normas de seguridad, salud laboral y protección

1. La función de vigilancia y control de la normativa sobre prevención de riesgos laborales corresponde:

a) A la Dirección General de Personal y Desarrollo Profesional.
b) A la Delegación Provincial de Trabajo.
c) A la Inspección de Trabajo y Seguridad Social.
d) Al Servicio de Medicina Preventiva.

2. Los representantes de los trabajadores con competencia en materia de prevención de riesgos laborales son:

a) Los miembros de la Junta de personal, Junta Facultativo y Junta de Enfermería.
b) Los técnicos de prevención de riesgos laborales.
c) El Servicio de Medicina Preventiva.
d) Los delegados de prevención.

3. ¿Qué se entiende por "riesgo laboral"?

a) La posibilidad de que un trabajador sufra un determinado daño derivado del trabajo.
b) La posibilidad de que un trabajador sufra una enfermedad en el trabajo.
c) La posibilidad de que un trabajador sufra acoso.
d) El riesgo que supone el ir a trabajar.

4. ¿Quién debe garantizar a los trabajadores la vigilancia periódica de su estado de salud en función de los riesgos inherentes al trabajo?

a) La Inspección de Trabajo.
b) El propio trabajador.
c) El empresario.
d) Las secciones sindicales.

5. El derecho básico reconocido a los trabajadores por la Ley 31/1995, de 8 de noviembre, es:

a) La vigilancia de su estado de salud.
b) Una protección eficaz en materia de seguridad y salud en el trabajo.
c) La formación en materia preventiva.
d) La información, consulta y participación.

6. Indicar cuál es la definición de prevención:

a) La probabilidad racional de que un riesgo se materialice de forma inminente.
b) El estudio de los procesos potencialmente peligrosos para el trabajo.
c) Conjunto de actividades o medidas adoptadas o previstas en todas las fases de actividad de la empresa con el fin de evitar o disminuir los riesgos derivados del trabajo.
d) Posibilidad de que un trabajador sufra un determinado daño derivado del trabajo.

7. Señala la respuesta incorrecta:

a) La Ley de Prevención de Riesgos Laborales se aplica a los operativos de Seguridad civil en casos de catástrofe.
b) La Ley de Prevención de Riesgos Laborales se aplica a las sociedades cooperativas.
c) La Ley de Prevención de Riesgos Laborales se aplica a la relación laboral de carácter especial del servicio del hogar familiar.
d) En los establecimientos penitenciarios, se adaptarán a la Ley de Prevención de Riesgos Laborales aquellas actividades cuyas características justifiquen una regulación especial.

8. ¿Cuál es la vigente Ley de Prevención de Riesgos Laborales?

a) Ley 32/1995, de 8 de noviembre.
b) Ley 30/1996, de 8 de noviembre.
c) Ley 31/1995, de 6 de noviembre.
d) Ley 31/1995, de 8 de noviembre.

9. Entre los principios de la acción preventiva recogidos por el artículo 15 de la Ley de Prevención de Riesgos Laborales, no figura:

a) Evitar los riesgos.
b) Evaluar los riesgos que se puedan evitar.
c) Tener en cuenta la evolución de la técnica.
d) Dar las debidas instrucciones a los trabajadores.

10. ¿Cuántos delegados de prevención se deberán elegir en empresas entre 3001 y 4000 trabajadores?

a) 5.
b) 6.

c) 7.
d) 8.

11. En las empresas de hasta 30 trabajadores el Delegado de Prevención será:

a) El propio empresario.
b) El trabajador más antiguo.
c) El trabajador de mayor cualificación.
d) El delegado de personal.

12. Según la Ley de Prevención de Riesgos Laborales, se constituirá un Comité de Seguridad y Salud en todas las empresas o centros de trabajo que cuenten con:

a) 30 o más trabajadores.
b) 50 o más trabajadores.
c) 75 o más trabajadores.
d) 100 o más trabajadores.

13. Entre las obligaciones de los trabajadores recogidas por la Ley de Prevención de Riesgos Laborales, no figura:

a) Informar directamente al empresario de cualquier situación que entrañe riesgo para la seguridad o salud de los trabajadores.
b) Contribuir al cumplimiento de las obligaciones establecidas por la autoridad competente con el fin de proteger la seguridad y la salud de los trabajadores en el trabajo.
c) Cooperar con el empresario para que este pueda garantizar unas condiciones de trabajo que sean seguras y no entrañen riesgos para la seguridad y la salud de los trabajadores.
d) Utilizar correctamente los medios y equipos de protección facilitados por el empresario, de acuerdo con las instrucciones recibidas de este.

14. La Ley 31/1995, de 8 de noviembre, de Prevención de Riesgos Laborales, ¿se aplica a los empleados de la Administración Pública?

a) Sí, sin distinciones.
b) A los funcionarios sí, al personal laboral no.
c) Al personal laboral sí, a los funcionarios no.
d) No se aplica ni a funcionarios ni a personal laboral.

15. ¿Qué función corresponde a la Inspección de Trabajo y Seguridad Social?

a) Únicamente la función de vigilancia sobre prevención de riesgos laborales.
b) Únicamente la función de control de la normativa sobre prevención de riesgos laborales.
c) Tanto la función de vigilancia como la de control de la normativa sobre prevención de riesgos laborales.
d) Otras funciones, ajenas a la materia de prevención de riesgos laborales.

16. El órgano paritario y colegiado de participación destinado a la consulta regular y periódica de las actuaciones de la empresa en materia de prevención de riesgos, es:

a) El Comité de Empresa.
b) El Consejo de Vigilancia de la Prevención.
c) La Comisión de Evaluación de Riesgos Laborales.
d) El Comité de Seguridad y Salud.

17. El órgano científico técnico especializado de la Administración General del Estado que tiene como misión el análisis y estudio de las condiciones de seguridad y salud en el trabajo, así como la promoción y apoyo a la mejora de las mismas, es:

a) El Instituto Nacional de Seguridad y Salud en el Trabajo.
b) La Comisión Nacional de Seguridad y Salud en el Trabajo.
c) El Instituto Carlos III.
d) El Centro Nacional de Promoción y Cuidados de la Salud.

18. La Presidencia de la Comisión Nacional de Seguridad y Salud en el Trabajo, corresponde a:

a) El titular del Ministerio competente en materia de Sanidad.
b) El titular del Ministerio competente en materia de Empleo.
c) El Secretario de Estado de Empleo.
d) El Director del Instituto Nacional de Seguridad y Salud en el Trabajo.

19. ¿Qué capítulo de la Ley 31/1995, de Prevención de Riesgos Laborales se refiere a los derechos y obligaciones?

a) Capítulo 2.
b) Capítulo 3.
c) Capítulo 4.
d) Capítulo 5.

20. El empresario deberá constituir un servicio de prevención propio siempre que se trate de empresas que cuenten con:

a) Más de 500 trabajadores.
b) Menos de 250 trabajadores.
c) Más de 250 trabajadores.
d) Más de 250 y menos de 500 trabajadores.

21. La acción preventiva en la empresa:

a) Se planificará por el Comité de Seguridad y Salud a partir de una evaluación inicial de riesgos.
b) Se planificará por los Delegados de Prevención a partir de una evaluación inicial de riesgos.

c) Se planificará por el empresario a partir de una evaluación inicial de riesgos.

d) Se planificará por los Delegados de Personal a partir de una evaluación inicial de riesgos.

22. A efectos de determinar las capacidades y aptitudes necesarias para la evaluación de riesgos y el desarrollo de la actividad preventiva, las funciones a realizar se clasifican en tres grupos de cualificación: nivel básico, nivel intermedio y nivel superior. "Participar en la planificación de la actividad preventiva y dirigir las actuaciones a desarrollar en caso de emergencia y primeros auxilios", es una función correspondiente a:

a) Nivel básico.

b) Nivel intermedio y superior.

c) Nivel superior.

d) Nivel básico e intermedio.

23. ¿Cuándo se deben utilizar los equipos de protección individual?

a) Siempre.

b) Cuando los riesgos no hayan sido evaluados.

c) Cuando los riesgos no se puedan evitar o no puedan limitarse.

d) Cuando el trabajador lo estime oportuno.

24. Cuando los trabajadores estén expuestos a un riesgo grave e inminente con ocasión de su trabajo, y el empresario no adopte o no permita la adopción de las medidas necesarias para garantizar la seguridad y la salud de los trabajadores, la Ley 31/1995, de 8 de noviembre, de Prevención de Riesgos Laborales prevé:

a) Los trabajadores afectados podrán paralizar la actividad.

b) El órgano de representación del personal instará formalmente al empresario a la adopción de las medidas necesarias.

c) Los Delegados de Prevención lo comunicarán a la autoridad laboral, que adoptará las medidas necesarias.

d) El órgano de representación de personal podrá acordar la paralización de la actividad.

25. ¿Pueden los trabajadores efectuar propuestas al empresario y a los órganos de participación para mejorar los niveles de protección de la seguridad y salud en la empresa?

a) No.

b) Sí.

c) Según el tamaño de la empresa.

d) Según el número de trabajadores.

26. Según establece el art. 4 de la Ley 31/1995, de 8 de noviembre, de Prevención de Riesgos Laborales, se define como daños derivados del trabajo:

a) La posibilidad de que un trabajador sufra un determinado daño derivado del trabajo.

b) El que resulte probable racionalmente que se materialice en un futuro inmediato y pueda suponer un daño grave para la salud de los trabajadores.

c) Las enfermedades, patologías o lesiones sufridas con motivo u ocasión del trabajo.

d) Cualquier máquina, aparato, instrumento o instalación utilizada en el trabajo.

27. ¿Debe el trabajador prestar su consentimiento para que le realicen vigilancia de la salud?

a) No.

b) Sí.

c) Depende del número de trabajadores de la empresa.

d) Esta prestación es solo para personal fijo en la empresa.

28. El art. 21 de la LPRL establece los requisitos y el procedimiento para que los representantes legales de los trabajadores acuerden la paralización de la actividad de los trabajadores que están o puedan estar expuestos a un riesgo grave e inminente si el empresario no adopta las medidas necesarias para garantizar la seguridad y salud de los trabajadores. La medida será adoptada por:

a) Acuerdo por mayoría absoluta de sus miembros. Tal acuerdo será comunicado de inmediato a la empresa y a la autoridad laboral, la cual, en el plazo de 48 horas, anulará o ratificará la paralización acordada.

b) Acuerdo por mayoría de 2/3 de sus miembros. Tal acuerdo será comunicado de inmediato a la empresa y a la autoridad laboral, la cual, en el plazo de 24 horas, anulará o ratificará la paralización acordada.

c) Acuerdo por mayoría de sus miembros. Tal acuerdo será comunicado de inmediato a la empresa y a la autoridad laboral, la cual, en el plazo de 48 horas, anulará o ratificará la paralización acordada.

d) Acuerdo por mayoría de sus miembros. Tal acuerdo será comunicado de inmediato a la empresa y a la autoridad laboral, la cual, en el plazo de 24 horas, anulará o ratificará la paralización acordada.

29. El art. 23 de la LPRL establece la documentación que el empresario debe elaborar y conservar a disposición de la autoridad laboral. En las siguientes no está incluido:

a) El Plan de prevención de riesgos laborales.

b) Evaluación de los riesgos para la seguridad y la salud en el trabajo.

c) La planificación de la actividad laboral.

d) La relación de accidentes de trabajo y enfermedades profesionales que hayan causado al trabajador una incapacidad laboral superior a un día de trabajo.

30. El art. 29 de la LPRL establece las obligaciones de los trabajadores en materia de prevención de riesgos. De las siguientes no se considera una obligación del trabajador:

a) Utilizar correctamente los medios y equipos de protección facilitados por el empresario, de acuerdo con las instrucciones recibidas de este.

b) Usar adecuadamente, de acuerdo con su naturaleza y los riesgos previsibles, las máquinas, aparatos, herramientas, sustancias peligrosas, equipos de transporte y, en general, cualesquiera otros medios con los que desarrollen su actividad.

c) Informar de inmediato a su superior jerárquico directo, y a los trabajadores designados para realizar las actualizaciones que consideren oportunas en el equipo de protección individual.

d) No poner fuera de funcionamiento y utilizar correctamente los dispositivos de seguridad existentes o que se instalen en los medios relacionados con su actividad o en los lugares de trabajo en los que esta tenga lugar.

31. Con relación a la protección y prevención de riesgos profesionales, el art. 30 de la LPRL, establece que:

a) En cumplimiento del deber de prevención de riesgos profesionales, el empresario, podrá designar, exclusivamente, uno o varios trabajadores para ocuparse de dicha actividad.

b) En las empresas de más de seis trabajadores, el empresario podrá asumir personalmente las funciones relativas a la protección y prevención de riesgos profesionales, con los requisitos que marca esta ley.

c) En ningún caso el empresario podrá asumir estas funciones, que serán desempeñadas exclusivamente por los trabajadores.

d) En las empresas de menos de once trabajadores, el empresario podrá asumir personalmente las funciones relativas al deber de prevención de riesgos profesionales, con los requisitos que marca esta ley.

32. Según el art. 32 de la LPRL, en relación con las mutuas de accidente de trabajo y enfermedades profesionales, es cierto que:

a) En ningún caso podrán desarrollar para empresas las funciones correspondientes a los servicios de prevención.

b) Podrán desarrollar, para las empresas a ellas asociadas, las funciones correspondientes a los servicios de prevención, sin ningún tipo de restricción.

c) Podrán desarrollar, para las empresas a ellas asociadas, las funciones correspondientes a los servicios de prevención, siempre que hayan sido objeto de acreditación por la Administración Laboral y previa aprobación de la Administración Sanitaria en cuanto a los aspectos de carácter sanitario.

d) Podrán desarrollar, libremente, las funciones correspondientes a los servicios de prevención de las empresas que así se los soliciten.

33. Señalar la afirmación incorrecta en relación con el art. 35 de la LPRL:

a) Los Delegados de Prevención son los representantes de los trabajadores con funciones específicas en materia de prevención de riesgos en el trabajo.

b) Los Delegados de Prevención serán designados por y entre los representantes del personal.

c) En una empresa de dos mil quinientos trabajadores existirán 6 Delegados de Prevención.

d) En las empresas de treinta y un trabajadores el Delegado de Prevención será el Delegado de Personal.

34. La información y formación de los trabajadores debe ser asesorada y apoyada a la empresa por:

a) Por los Delegados de Prevención.

b) Por las Secciones Sindicales.

c) Por la Inspección de Trabajo y Seguridad Social.

d) Por los Servicios de Prevención.

35. El art. 2 del Real Decreto 39/1997, de 17 de enero, por el que se aprueba el Reglamento de los Servicios de Prevención, regula el plan de Prevención. Dicho Plan debe incluir una serie de elementos. Señalar cuál de los siguientes es incorrecto:

a) La identificación de la empresa, de su actividad productiva, el número y características de los centros de trabajo y el número de trabajadores y sus características con relevancia en la prevención de riesgos laborales.

b) La elección de equipos de trabajo, sustancias o preparados químicos, la introducción de nuevas tecnologías o la modificación en el acondicionamiento de los lugares de trabajo.

c) La organización de la prevención en la empresa, indicando la modalidad preventiva elegida y los órganos de representación existentes.

d) La política, los objetivos y metas que en materia preventiva pretende alcanzar la empresa, así como los recursos humanos, técnicos, materiales y económicos de los que va a disponer al efecto.

36. El art 14 del RSP regula los distintos supuestos en los que es obligatorio constituir un Servicio de Prevención propio. Señalar la respuesta incorrecta:

a) Que se trate de una empresa que cuente con más de 500 trabajadores.

b) Que tratándose de empresas de entre 250 y 500 trabajadores, desarrollen alguna de las actividades en el Anexo II.

c) Que, tratándose de empresas no incluidas en los apartados anteriores, así lo decida la autoridad laboral, con los requisitos que marca la normativa referenciada, salvo que se opte por el concierto con una entidad especializada ajena a la empresa.

d) Que tratándose de empresas de entre 250 y 500 trabajadores, desarrollen alguna de las actividades en el Anexo I.

37. Los instrumentos esenciales para la gestión y aplicación del Plan de Prevención de Riesgos Laborales son:

a) La evaluación de riesgos y la planificación de la actividad preventiva.
b) La evaluación inicial de riesgos y la formación.
c) La planificación y la gestión de la actividad preventiva.
d) La identificación y la evaluación de los riesgos.

38. El posible cambio de puesto de trabajo con riesgo para una trabajadora embarazada:

a) Deberá realizarse en caso de imposibilidad de adaptación del propio puesto.
b) Se hará previo informe en tal sentido del Servicio de Prevención.
c) Se determinará por el empresario, y dará información a los representantes de los trabajadores.
d) Se extenderá al período de lactancia.

39. La prevención de riesgos laborales deberá integrarse en el sistema general de gestión de la empresa a través de:

a) La política preventiva.
b) El plan de prevención.
c) El consenso de las partes.
d) El poder de decisión del empresario.

40. El título del capítulo II de la Ley 31/1995 Prevención de Riesgos Laborales, corresponde a:

a) Derechos y obligaciones.
b) Servicios de Prevención.
c) Política en materia de prevención de riesgos para proteger la seguridad y la salud en el trabajo.
d) Responsabilidad y sanciones.

41. Las normas reglamentarias en materia de prevención las dicta:

a) El Gobierno, a través de las correspondientes normas reglamentarias y previa consulta a las organizaciones sindicales y empresariales más representativas.
b) Los Delegados de Prevención.
c) Los Delegados de Prevención y el Empresario.
d) El Empresario.

42. La Comisión Nacional de Seguridad y Salud en el Trabajo está compuesta por:

a) Representantes de las organizaciones sindicales y empresariales.
b) Un representante de cada una de las Comunidades Autónomas y representantes de las organizaciones sindicales y empresariales.

c) Representantes de la Administración y representantes de las organizaciones sindicales y empresariales.

d) Un representante de cada una de las Comunidades Autónomas y por igual número de miembros de la Administración General del Estado y, paritariamente con todos los anteriores, por representantes de las organizaciones empresariales y sindicales más representativas.

43. El color de seguridad para las señales de advertencia es:

a) El rojo.
b) El azul.
c) El verde.
d) El amarillo o amarillo anaranjado.

44. Las señales de prohibición tendrán forma:

a) Rectangular.
b) De rombo.
c) Redonda.
d) Cuadrada.

45. Se utilizan pictogramas blancos sobre fondo verde para:

a) Señales relativas a los equipos de lucha contra incendios.
b) Señales de salvamento o socorro.
c) Señales de advertencia.
d) Señales de obligación.

46. En relación con el uso de señales acústicas de seguridad, es correcto:

a) El uso simultáneo de dos señales acústicas.
b) El uso de una señal acústica cuando el ruido ambiental ya es demasiado intenso.
c) El sonido de una señal de evacuación deberá ser continuo.
d) Si un dispositivo puede emitir señales acústicas con un tono o intensidad variables o intermitentes, o con un tono o intensidad continuos, se utilizarán las segundas para indicar, por contraste con las primeras, un mayor grado de peligro o una mayor urgencia de la acción requerida.

47. En los locales de trabajo, la altura mínima de las barandillas es de:

a) 50 cm.
b) 60 cm.
c) 90 cm.
d) 1 metro.

48. Las escaleras de mano simples se colocarán, en la medida de lo posible, formando un ángulo con la horizontal de aproximadamente:

a) 30º.
b) 45º.
c) 60º.
d) 75º.

49. En relación con las vías y salidas de evacuación es correcto que:

a) Las puertas de emergencia deberán abrirse hacia el interior.
b) Las puertas de emergencia más recomendables son las giratorias y las correderas.
c) Las puertas de emergencia deberán cerrarse con llave.
d) Las puertas situadas en los recorridos de las vías de evacuación se deberán poder abrir en cualquier momento desde el interior sin ayuda especial.

50. La temperatura de los locales donde se realicen trabajos sedentarios propios de oficinas o similares estará comprendida entre:

a) 20 y 24 ºC.
b) 17 y 27 ºC.
c) 14 y 25 ºC.
d) 18 y 20 ºC.

51. Avisar de la forma más rápida a los equipos de emergencia del propio establecimiento e informar al resto de los equipos y solicitar en su caso ayudas de intervención externa, cuando se produce una emergencia, es:

a) Alarmar.
b) Alertar.
c) Apremiar.
d) Detectar.

52. El aviso o señal por la que se informa a las personas para que sigan instrucciones específicas ante una situación de emergencia, es:

a) Alerta.
b) Detección.
c) Alarma.
d) Auxilio.

53. Ante una situación de emergencia, el trabajador debe:

a) Seguir trabajando mientras pueda.
b) Dirigirse, ya en el exterior, a un punto de reunión.

c) Quedarse en los lavabos o lugares cerrados.
d) Confiar, sobre todo, en su instinto.

54. Aquella situación en la que los parámetros definidores del riesgo, evidencian que la materialización del mismo, puede ser inminente, se denomina:

a) Preemergencia.
b) Conato.
c) Emergencia parcial.
d) Emergencia primaria.

55. Aquella situación que puede ser controlada y solucionada de forma sencilla y rápida por el personal y medios de protección del local, dependencias o sector, se llama:

a) Preemergencia.
b) Conato de emergencia.
c) Emergencia parcial.
d) Emergencia primaria.

56. Aquella situación que para ser dominada, requiere la actuación de equipos especiales del sector, se denomina:

a) Emergencia sectorial.
b) Emergencia básica.
c) Preemergencia.
d) Emergencia parcial.

57. ¿A quién corresponde establecer la situación de emergencia en función del nivel de gravedad?

a) Al Jefe de Intervención.
b) Al Director del Plan de Actuación.
c) Al responsable de los Servicios Públicos de Extinción de Incendios y Salvamento.
d) Al Director del Plan de Autoprotección.

58. En un plan de autoprotección, ¿a qué se denominan "Equipos de Primera Intervención" (EPI)?

a) Son los que en una situación de emergencia organizan en primer lugar la evacuación del edificio a la espera de las instrucciones del Jefe de Emergencia.
b) Son los que en una situación de emergencia acuden al lugar donde se haya producido la emergencia para intentar su control y poner en funcionamiento el sistema de alarma.

c) También llamados Equipos de Protección Individual, incluyen cualquier equipo destinado a ser llevado o sujetado por el trabajador para que le proteja de los riesgos para su seguridad y salud laboral.

d) Son las brigadas contra incendios que actúan cuando la emergencia se considera grave.

59. Asume la dirección y coordinación de los equipos de emergencia en el lugar del accidente:

a) El Jefe de Intervención.
b) El Director del Plan de Actuación.
c) El responsable de los Servicios Públicos de Extinción de Incendios y Salvamento.
d) El Director del Plan de Autoprotección.

60. Su misión es asegurar una evacuación total y ordenar su sector y/o establecimiento y garantizar que se ha dado la alarma. Nos referimos a:

a) El Equipo de Primeros Auxilios (EPA).
b) El Equipo de Segunda Intervención (ESI).
c) El Equipo de Primera Intervención (EPI).
d) El Equipo de Alarma y Evacuación (EAE).

61. Las salidas del establecimiento, planta o inmueble tendrán una señal con el rótulo "SALIDA", excepto en edificios de uso Residencial Vivienda y, en otros usos, cuando se trate de salidas de recintos que sean fácilmente visibles y cuya superficie no exceda de:

a) 50 m².
b) 100 m².
c) 200 m².
d) 400 m².

62. Deben disponerse señales indicativas de dirección de los recorridos, visibles desde todo origen de evacuación desde el que no se perciban directamente las salidas o sus señales indicativas y en particular, frente a toda salida de un recinto, que acceda lateralmente a un pasillo, y que tenga una ocupación mayor de:

a) 50 personas.
b) 100 personas.
c) 140 personas.
d) 200 personas.

63. Las señales de salida de uso habitual o de emergencia, cuando la distancia de observación esté comprendida entre 20 y 30 metros, tendrán un tamaño de:

a) 210 x 210 mm.
b) 420 x 420 mm.

c) 594 x 594 mm.
d) 360 x 360 mm.

64. El lugar físico desde donde el Director del Plan de Actuación en Emergencias dirige la resolución de la misma, es:

a) El Centro de Control.
b) El Lugar de reunión.
c) El Centro directivo.
d) La Zona de Refugio.

65. El emplazamiento de los extintores permitirá que sean fácilmente visibles y accesibles, estarán situados próximos a los puntos donde se estime mayor probabilidad de iniciarse el incendio, a ser posible próximos a las salidas de evacuación y preferentemente sobre soportes fijados a paramentos verticales, de modo que la parte superior del extintor quede, como máximo, a:

a) 1,50 metros sobre el suelo.
b) 1,70 metros sobre el suelo.
c) 1 metro sobre el suelo.
d) Ninguna de las respuestas es correcta.

66. Los pulsadores de alarma se situarán de modo que la distancia máxima a recorrer, desde cualquier punto hasta alcanzar un pulsador, no supere:

a) 15 metros.
b) 25 metros.
c) 40 metros.
d) 60 metros.

67. La señal de alarma generada desde el puesto de control será:

a) En todo caso audible.
b) En todo caso visible.
c) Será audible únicamente cuando la luminosidad del sector sea muy alta.
d) Será visible cuando el nivel de ruido donde deba ser percibida supere los 200 dB.

68. Cuando se prevean riesgos de heladas, las columnas hidrantes serán del tipo:

a) Columna seca.
b) Hidrante de arqueta.
c) Boca hidrante.
d) Columna líquida.

69. Las bocas de incendio equipadas pueden ser de los tipos:

a) 20 mm y 50 mm.
b) 30 mm y 55 mm.

c) 25 mm y 45 mm.
d) 15 mm y 40 mm.

70. Las bocas de incendio equipadas (BIE) se situarán, siempre que sea posible, a una distancia máxima de la salida de cada sector, de:

a) 5 metros.
b) 10 metros.
c) 15 metros.
d) 20 metros.

Solución al test n.º 9

1. c) A la Inspección de Trabajo y Seguridad Social.

2. d) Los delegados de prevención.

3. a) La posibilidad de que un trabajador sufra un determinado daño derivado del trabajo.

4. c) El empresario.

5. b) Una protección eficaz en materia de seguridad y salud en el trabajo.

6. c) Conjunto de actividades o medidas adoptadas o previstas en todas las fases de actividad de la empresa con el fin de evitar o disminuir los riesgos derivados del trabajo.

7. a) La Ley de Prevención de Riesgos Laborales se aplica a los operativos de Seguridad civil en casos de catástrofe.

8. d) Ley 31/1995, de 8 de noviembre.

9. b) Evaluar los riesgos que se puedan evitar.

10. c) 7.

11. d) El delegado de personal.

12. b) 50 o más trabajadores.

13. a) Informar directamente al empresario de cualquier situación que entrañe riesgo para la seguridad o salud de los trabajadores.

14. a) Sí, sin distinciones.

15. c) Tanto la función de vigilancia como la de control de la normativa sobre prevención de riesgos laborales.

16. d) El Comité de Seguridad y Salud.

17. a) El Instituto Nacional de Seguridad y Salud en el Trabajo.

18. c) El Secretario de Estado de Empleo.

19. b) Capítulo 3.

20. a) Más de 500 trabajadores.

21. c) Se planificará por el empresario a partir de una evaluación inicial de riesgos.

22. b) Nivel intermedio y superior.

23. c) Cuando los riesgos no se puedan evitar o no puedan limitarse.

24. d) El órgano de representación de personal podrá acordar la paralización de la actividad.

25. b) Sí.

26. c) Las enfermedades, patologías o lesiones sufridas con motivo u ocasión del trabajo.

27. b) Sí.

28. d) Acuerdo por mayoría de sus miembros. Tal acuerdo será comunicado de inmediato a la empresa y a la autoridad laboral, la cual, en el plazo de 24 horas, anulará o ratificará la paralización acordada.

29. c) La planificación de la actividad laboral.

30. c) Informar de inmediato a su superior jerárquico directo, y a los trabajadores designados para realizar las actualizaciones que consideren oportunas en el equipo de protección individual.

31. d) En las empresas de menos de once trabajadores, el empresario podrá asumir personalmente las funciones relativas al deber de prevención de riesgos profesionales, con los requisitos que marca esta ley.

32. a) En ningún caso podrán desarrollar para empresas las funciones correspondientes a los servicios de prevención.

33. d) En las empresas de treinta y un trabajadores el Delegado de Prevención será el Delegado de Personal.

34. d) Por los Servicios de Prevención.

35. b) La elección de equipos de trabajo, sustancias o preparados químicos, la introducción de nuevas tecnologías o la modificación en el acondicionamiento de los lugares de trabajo.

36. b) Que tratándose de empresas de entre 250 y 500 trabajadores, desarrollen alguna de las actividades en el Anexo II.

37. a) La evaluación de riesgos y la planificación de la actividad preventiva.

38. a) Deberá realizarse en caso de imposibilidad de adaptación del propio puesto.

39. b) El plan de prevención.

40. c) Política en materia de prevención de riesgos para proteger la seguridad y la salud en el trabajo.

41. a) El Gobierno, a través de las correspondientes normas reglamentarias y previa consulta a las organizaciones sindicales y empresariales más representativas.

42. d) Un representante de cada una de las Comunidades Autónomas y por igual número de miembros de la Administración General del Estado y, paritariamente con todos los anteriores, por representantes de las organizaciones empresariales y sindicales más representativas.

43. d) El amarillo o amarillo anaranjado.

44. c) Redonda.

45. b) Señales de salvamento o socorro.

46. c) El sonido de una señal de evacuación deberá ser continuo.

47. c) 90 cm.

48. d) 75º.

49. d) Las puertas situadas en los recorridos de las vías de evacuación se deberán poder abrir en cualquier momento desde el interior sin ayuda especial.

50. b) 17 y 27 ºC.

51. b) Alertar.

52. c) Alarma.

53. b) Dirigirse, ya en el exterior, a un punto de reunión.

54. a) Preemergencia.

55. b) Conato de emergencia.

56. d) Emergencia parcial.

57. b) Al Director del Plan de Actuación.

58. b) Son los que en una situación de emergencia acuden al lugar donde se haya producido la emergencia para intentar su control y poner en funcionamiento el sistema de alarma.

59. a) El Jefe de Intervención.

60. d) El Equipo de Alarma y Evacuación (EAE).

61. a) 50 m².

62. b) 100 personas.

63. c) 594 x 594 mm.

64. a) El Centro de Control.

65. b) 1,70 metros sobre el suelo.

66. b) 25 metros.

67. a) En todo caso audible.

68. a) Columna seca.

69. c) 25 mm y 45 mm.

70. a) 5 metros.

TEST N.º 10

Conocimiento del Municipio de Valencia: su historia, geografía y principales fiestas locales. Ubicación de sus principales edificios municipales y monumentos

1. ¿Qué pueblo fundó Valencia en el año 138 a.C.?

a) Los bizantinos.
b) Los visigodos.
c) Los musulmanes.
d) Los romanos.

2. El nombre que recibió Valencia en la época romana fue:

a) Balansiya.
b) Emérita Valentia.
c) Valentia Edetanorum.
d) Turia Valentia.

3. Los musulmanes llamaron a Valencia Madinat at-Turab, que significa:

a) Ciudad del Turia.
b) Ciudad del agua.
c) Ciudad de la luz.
d) Ciudad del polvo.

4. ¿En qué año comienza el verdadero auge de la ciudad de Valencia y la Comunidad se dividió en cuatro reinos de taifas: el de Valencia (Valencia, Alzira, Cullera, Xàtiva, Sagunto y Onda), el de Alpuente (la comarca de los Serranos), el de Denia (a la que pertenecían la comarca de la Marina y las islas Baleares), el de Tortosa (las tierras del norte de la Comunidad), ¿además de algunas pequeñas comarcas y poblaciones rurales?

a) En 1010.
b) En 711.
c) En 554.
d) En 1171.

5. ¿Qué rey otorgó a la ciudad unas nuevas leyes, els Furs, que años después hizo extensivas a todo el Reino de Valencia y sentó las bases del pueblo valenciano tal y como lo conocemos hoy?

a) Pedro el Ceremonioso.
b) Jaime I.
c) Felipe IV.
d) Ibn Mardanis, el Rey Lobo.

6. ¿En qué siglo se creó la Taula de canvis, una banca municipal de apoyo de las operaciones comerciales?

a) Siglo X.
b) Siglo XII.
c) Siglo XV.
d) Siglo XVIII.

7. Durante el siglo XVIII Valencia vivió una etapa de recuperación apoyada en la manufactura de tejidos de seda, ¿cómo se denominaban a los profesionales encargados de esta actividad industrial?

a) Mesegueros.
b) Aladreros.
c) Bataners.
d) Velluters.

8. ¿En qué año se derribaron las murallas de la ciudad, que significó el punto de partida para el desarrollo de las áreas periféricas, con la apertura de las grandes vías, previstas en los planes de Ensanche, y que potenciaron la rápida urbanización del sector oriental, con una trama viaria ordenada, que se pobló de edificios de estilo modernista y ecléctico, muchos de los cuales todavía existen?

a) En 1795.
b) En 1865.
c) En 1890.
d) En 1814.

9. La Basílica de la Virgen de los Desamparados fue construida entre 1652 y 1667 por:

a) Constantí Llombart.
b) Diego Martínez Ponce de Urrana.
c) Sebastián Monleón Estellés.
d) Vicente Traver Tomás.

10. ¿En qué fecha se aprueba el Estatuto de Autonomía para la Comunidad Valenciana?

a) El 14 de octubre de 1982.
b) El 9 de octubre de 1982.
c) El 1 de julio de 1982.
d) El 11 de abril de 1982.

11. Indica cuáles de las siguientes acequias no forman parte de las ocho que irrigan los cultivos de la vega de Valencia:

a) La acequia de Torrent y la acequia de Llíria.
b) La acequia de Quart y la acequia de Benàger i Faitanar.
c) La acequia de Mestalla y la acequia de Rascanya.
d) La acequia de Mislata y la acequia de Tormos.

12. La ciudad de Valencia se encuentra enclavada sobre la gran llanura aluvial de los ríos:

a) Júcar y Segura.
b) Tuéjar y Turia.
c) Albaida y Júcar.
d) Júcar y Turia.

13. ¿En qué fecha se produjo la gran riada de Valencia?

a) El 9 de octubre de 1238.
b) El 1 de julio de 1942.
c) El 14 de octubre de 1957.
d) El 25 de noviembre de 1961.

14. ¿Qué fecha conmemora la entrada del rey Jaime I, fundador del Reino de València, razón por la cual se toma esta fecha como la del nacimiento del pueblo valenciano?

a) El 14 de octubre.
b) El 9 de octubre.
c) El 1 de julio.
d) El 11 de abril.

15. ¿Qué simboliza la doble L del escudo de Valencia?

a) Viene de los tiempos de Pedro el Ceremonioso, cuando la ciudad de Valencia resistió un doble asalto. De ahí la doble L, por ser doblemente leal.
b) Representa a un murciélago "Llo Rant Penat".

c) Indica la lealtad de la ciudad perteneciente a la antigua Corona de Valencia y a la antigua Corona de Aragón.

d) Desde la Guerra de la Independencia Española, dos L simbolizan la defensa de la ciudad.

16. ¿Qué parque o jardín está construido en los terrenos del antiguo cuartel del Ejército del Aire?

a) Los Jardines del Real.
b) Los Jardines de Monforte.
c) El parque de Benicalap.
d) El parque del Oeste.

17. Los Jardines de Monforte pasan a propiedad municipal en el año:

a) 1970.
b) 1977.
c) 1968.
d) 1972.

18. El monumento al doctor Ramón Gómez Ferrer fue costeado:

a) Por las madres valencianas.
b) Por la Facultad de Medicina.
c) Por los médicos valencianos.
d) Exclusivamente por sus pacientes.

19. El monumento al Cid Campeador, ubicado en València, en la Plaza de España:

a) Es el original, existiendo copia de la misma en el jardín de la "The Hispanic Society of America", en Nueva York.

b) Es una réplica de la original que se halla en la ciudad de Sevilla desde la celebración de la Exposición Iberoamericana de 1929.

c) Es una copia del original que se halla en el jardín de la "The Hispanic Society of America", en Nueva York.

d) Es el original, existiendo una réplica de este original en la ciudad de Sevilla desde la celebración de la Exposición Iberoamericana de 1929.

20. Las Torres de Serranos fueron construidas en el:

a) Siglo XV.
b) Siglo XIV.
c) Siglo XIII.
d) Siglo XVI.

21. El Museo de Historia de Valencia se encuentra:

a) En el edificio del Ayuntamiento de València.
b) Junto al Parque de Cabecera.
c) En los Jardines de Monforte.
d) Como anexo al Museo de la Ciudad.

22. ¿Cuál de las siguientes afirmaciones es correcta?

a) La Casa Museo Concha Piquer es una vivienda de dos alturas, típica de la alta burguesía de la época.
b) La Casa Museo Sorolla se encuentra situada frente al mar.
c) La Casa Museo Blasco Ibáñez es una vivienda unifamiliar típica de la clase obrera.
d) La Casa Museo Benlliure es una vivienda de tres alturas, típica de la alta burguesía.

23. El Ayuntamiento de Valencia también es denominado:

a) Casa Grande.
b) Plaza del Pueblo Valenciano.
c) Casa Consistorial.
d) Ágora de València.

24. El Palacio de Cervelló se convirtió en la residencia oficial de los Monarcas en sus visitas a València:

a) Cuando fue derribado el Palacio Real.
b) Cuando fue incautado el Palacio Real.
c) Hasta la construcción e inauguración del Palacio Real.
d) A la vez que el Palacio Real.

25. ¿En qué año fueron declaradas las Torres de Serrano Monumento Nacional?

a) 1928, y las de Quart 1929.
b) 1929, al igual que las de Quart.
c) 1931, al igual que las de Quart.
d) 1929 y las de Quart 1928.

26. El Molí del Tell actualmente:

a) Está cedido a la Conselleria de Patrimonio Artístico.
b) Se dedica a fines educativos y culturales.
c) Se utiliza como residencia de estudiantes.
d) Desempeña funciones de oficina universitaria.

27. Las obras evacuadas del Museo del Prado en los años de Guerra Civil fueron depositadas en la ciudad de València:

a) En las Torres de Serranos.
b) En el refugio antiaéreo del Ayuntamiento de València.
c) En los Jardines del Real.
d) En el Palacio de Cervelló.

28. El monumento al Doctor Moliner es obra del escultor:

a) Mariano Benlliure.
b) Manolo Valdés.
c) José Benlliure.
d) José Capuz.

29. De los planos de la ciudad de València, puede decirse que el más famoso históricamente:

a) Es el llamado de los poblados marítimos.
b) Es el realizado por el Padre Tosca.
c) Es el planificado por Luis Vives.
d) Es el encargado por San Vicente Ferrer.

30. El Salón de Cristal se encuentra en:

a) Las Torres de Quart.
b) El Museo de Historia de València.
c) En el Ayuntamiento de València.
d) En los Jardines de Viveros.

31. El proyecto de la estatua de Jaime I fue aprobada, en su momento, por el Ayuntamiento de València, siempre que:

a) Los fondos públicos con los que sufragar la obra provinieran del Estado.
b) Los gastos que exigía dicha obra fueran obtenidos mediante suscripción popular.
c) Se obtuviera la financiación de la Universidad de Historia de València.
d) Que la financiación, junto con el Ayuntamiento, contara con la participación del Estado y de la Diputación Provincial.

32. En la creación de la Dama Ibérica, intervino:

a) El pintor Juan Gris.
b) El artista fallero Manolo Martí.
c) El cantautor Raimon.
d) El pintor castellonense Ripollés.

33. La Biblioteca Histórica Municipal fue creada en el año:

a) 1902.
b) 1870.
c) 1869.
d) 1922.

34. Los Centros Municipales de Juventud prestan información, asesoramiento, formación socio-cultural o incorporación en la vida activa a los jóvenes respecto a la materia de:

a) Todos los programas municipales de su interés.
b) Todos los programas públicos de su interés.
c) Todos los programas, tanto públicos como privados, de su interés.
c) Todos los programas municipales o autonómicos de su interés.

35. ¿En qué año se inauguró el Palau de la Música de Valencia?

a) 1982.
b) 1987.
c) 1992.
d) 1997

36. ¿En qué Museo puede encontrarse una lámina de agua que recorre la fachada del edificio?

a) Museo de la Ciudad.
b) Museo de Les Corts Valencianes.
c) Museo de Historia de València.
d) Museo del Arroz.

37. El Museo de Ciencias Naturales tiene su origen en:

a) Las colecciones formadas en sus viajes por el Naturalista Rafael Cisternas.
b) En el regalo o donación realizada a la ciudad por el naturalista Rodrigo Botet.
c) En los restos animales encontrados en las excavaciones realizadas en los Jardines de Viveros.
d) En la cesión que realiza en su momento el ministerio de Educación y Ciencia.

38. La cripta arqueológica de la cárcel de San Vicente es un edificio:

a) Visigodo.
b) Barroco.
c) Romano.
d) Mozárabe.

39. En el Museo de Ciencias Naturales se halla:

a) Una importante colección de restos de dinosaurios.
b) La colección más importante de flora prehistórica que puede hallarse.
c) Una importante colección de restos de dinosaurios entre los que destaca la muy completa recreación con los restos hallados de un tiranosaurio rex.
d) Un ejemplar de megaterio.

40. Las Torres de Serranos fueron construidas:

a) Pere Bonfill.
b) Pere Poblet.
c) Pere Compte.
d) Pere Balaguer.

41. La sede del Museo de la Ciudad:

a) Es el Palacio del Real.
b) Es el Palacio de Alcalde Gisbert.
c) Es el Palacio del Marqués de Campo.
d) Es el Palacio de Cervelló.

42. El Museo fallero está ubicado en el antiguo convento de la casa misión de:

a) San Vicente Ferrer.
b) San Vicente de Paúl.
c) San Vicente Mártir.
d) San Vicente de Gonzalbo.

43. La tumba de Blasco Ibáñez actualmente:

a) Se encuentra en su casa Museo.
b) Se encuentra en un monumento anexo al Cementerio General.
c) En el claustro gótico del Convento del Carmen.
d) Se encuentra en el Cementerio Civil, en el Cementerio General.

44. Los diarios, revistas y publicaciones aparecidas en la ciudad de Valencia que comenzaron a conservarse en el año 1902 se hallan en:

a) La biblioteca de Compositores Valencianos, en un anexo del Archivo Municipal.
b) Biblioteca Municipal Sant Pau.
c) En el archivo municipal del Palacio de Cervelló.
d) En la Hemeroteca Municipal.

45. La fonoteca municipal:

a) Se encuentra sita en la calle Palau.
b) Es una dependencia de la Biblioteca de Compositores Valencianos.
c) Está sita en la Plaza Mguncia,1.
d) Es una dependencia la Biblioteca de Músicos Valencianos.

Solución al test n.º 10

1. d) Los romanos.

2. c) Valentia Edetanorum.

3. d) Ciudad del polvo.

4. a) En 1010.

5. b) Jaime I.

6. c) Siglo XV.

7. d) Velluters.

8. b) En 1865.

9. b) Diego Martínez Ponce de Urrana.

10. c) El 1 de julio de 1982.

11. a) La acequia de Torrent y la acequia de Llíria.

12. d) Júcar y Turia.

13. c) El 14 de octubre de 1957.

14. b) El 9 de octubre.

15. a) Viene de los tiempos de Pedro el Ceremonioso, cuando la ciudad de Valencia resistió un doble asalto. De ahí la doble L, por ser doblemente leal.

16. d) El parque del Oeste.

17. a) 1970.

18. a) Por las madres valencianas.

19. c) Es una copia del original que se halla en el jardín de la "The Hispanic Society of America", en Nueva York.

20. b) Siglo XIV.

21. b) Junto al Parque de Cabecera.

22. d) La Casa Museo Benlliure es una vivienda de tres alturas, típica de la alta burguesía.

23. c) Casa Consistorial.

24. a) Cuando fue derribado el Palacio Real.

25. c) 1931, al igual que las de Quart.

26. b) Se dedica a fines educativos y culturales.

27. a) En las Torres de Serranos.

28. d) José Capuz.

29. b) Es el realizado por el Padre Tosca.

30. c) En el Ayuntamiento de València.

31. b) Los gastos que exigía dicha obra fueran obtenidos mediante suscripción popular.

32. b) El artista fallero Manolo Martí.

33. a) 1902.

34. a) Todos los programas municipales de su interés.

35. b) 1987.

36. c) Museo de Historia de València.

37. b) En el regalo o donación realizada a la ciudad por el naturalista Rodrigo Botet.

38. a) Visigodo.

39. d) Un ejemplar de megaterio.

40. d) Pere Balaguer.

41. c) Es el Palacio del Marqués de Campo.

42. b) San Vicente de Paúl.

43. d) Se encuentra en el Cementerio Civil, en el Cementerio General.

44. d) En la Hemeroteca Municipal.

45. a) Se encuentra sita en la calle Palau.

TEST N.º 11

Organización interna del Ayuntamiento de Valencia, distribución y competencias. Ubicación de sus dependencias

1. Es un órgano superior del Ayuntamiento de Valencia:

a) Cualquiera de sus concejales.
b) El Interventor General Municipal.
c) Un concejal que ostente la presidencia de un Distrito.
d) El Advocat de la Ciutat.

2. Recibe/n el nombre de Advocat de la Ciutat:

a) La persona titular de la Asesoría Jurídica.
b) El Interventor General Municipal.
c) La persona que ostenta la Presidencia del Jurado Tributario.
d) La persona titular de la Secretaría del Pleno.

3. Les corresponde en el Ayuntamiento de Valencia el ejercicio de las funciones de dirección, planificación y coordinación política:

a) Los órganos directivos.
b) Los coordinadores generales de cada área o concejalía.
c) Los órganos centrales.
d) Los órganos superiores.

4. La persona titular de la Alcaldía de Valencia tiene el tratamiento de:

a) Ilustrísima.
b) Excelencia.
c) Honorable.
d) Magnífico.

5. La renuncia del Alcalde deberá formalizarse por escrito y remitirse al Pleno del Ayuntamiento, que deberá adoptar acuerdo de conocimiento dentro de:

a) Los siete días siguientes a su presentación.
b) Los diez días siguientes a su presentación.

c) Los quince días siguientes a su presentación.
d) Los veinte días siguientes a su presentación.

6. Cuál es el órgano de asistencia directa y asesoramiento inmediato y permanente a la Alcaldía:

a) La Vicealcaldía.
b) La Junta de Gobierno Local.
c) El Gabinete de la Alcaldía.
d) El Advocat de la Ciutat.

7. Corresponde a la Junta de Gobierno Local:

a) Aprobar la relación de puestos de trabajo, las retribuciones del personal de acuerdo con el presupuesto aprobado por el Pleno, la oferta de empleo público, las bases de las convocatorias de selección y provisión de puestos de trabajo, el número y régimen del personal eventual.
b) Nombrar y cesar a los Tenientes de Alcalde y a los Presidentes de los Distritos.
c) La Jefatura de la Policía Municipal.
d) La aprobación del presupuesto.

8. Sin perjuicio de lo que se disponga en las normas que apruebe la Junta para su propio funcionamiento o en su régimen de sesiones, las sesiones ordinarias de la Junta de Gobierno Local del Ayuntamiento de Valencia se celebrarán con:

a) Periodicidad semanal.
b) Periodicidad quincenal.
c) Periodicidad mensual.
d) Periodicidad bimestral.

9. Las sesiones ordinarias y extraordinarias de la Junta de Gobierno Local serán convocadas por la Alcaldía con una antelación, de al menos:

a) 24 horas.
b) 36 horas.
c) 48 horas.
d) 72 horas.

10. Las decisiones que adopte la Junta de Gobierno Local en el ejercicio de sus competencias tomarán la forma de:

a) Resoluciones.
b) Edictos.
c) Decretos.
d) Acuerdos.

11. Las personas que sean nombradas tenientes de alcalde tendrán el tratamiento de:

a) Ilustrísima.
b) Excelencia.
c) Honorable.
d) Magnífico.

12. Son los responsables políticos de las áreas de gobierno que tienen asignadas por la Alcaldía:

a) Los concejales delegados.
b) Los tenientes de alcalde.
c) Los directores generales.
d) Los coordinadores generales.

13. ¿Cuál de las siguientes es una condición necesaria para poder ser nombrado Advocat de la Ciutat?

a) Ostentar la condición de funcionario de carrera de administración local con habilitación de carácter nacional.
b) Ser funcionario de carrera del Estado, de las Comunidades Autónomas o de las Entidades Locales que pertenezcan a cuerpos o escalas clasificados en el subgrupo A1.
c) Estar en posesión del título de licenciado o grado en Derecho.
d) Ser funcionario del subgrupo A1 del Ayuntamiento de Valencia.

14. Siguiendo el artículo 59 del Reglamento ¿cuál de las siguientes NO es una de las Juntas Municipales de Distrito?

a) Junta Municipal de Pueblos del Sur.
b) Junta Municipal de Exposición.
c) Junta Municipal de Abastos.
d) Junta Municipal de Benifaraig-Pueblo Nuevo.

15. Las sesiones ordinarias del Consejo de la Junta Municipal de Distrito se celebrarán con una periodicidad:

a) Semanal.
b) Quincenal.
c) Mensual.
d) Trimestral.

16. ¿Qué porcentaje de las personas empadronadas en el Distrito e inscritas en el censo electoral es necesario para solicitar una sesión extraordinaria del Consejo de la Junta Municipal de Distrito?

a) 1 %.
b) 3 %.

c) 5 %.
d) 10 %.

17. ¿Qué porcentaje o proporción de los miembros del Consejo de la Junta Municipal de Distrito se precisa para solicitar una reunión extraordinaria del Consejo?

a) La mitad.
b) Un tercio.
c) Un cuarto.
d) Dos quintos.

18. Los presidentes y presidentas de las Juntas Municipales de Distrito y la persona titular del área de gobierno con competencias en materia de participación ciudadana celebrarán una reunión ordinaria:

a) Cada mes.
b) Cada dos meses.
c) Cada tres meses.
d) Cada seis meses.

19. NO es uno de los poblados o barriadas denominados Pueblos de Valencia:

a) Carpesa.
b) Borbotó.
c) Tauladella.
d) Horno de Alcedo.

20. NO es uno de los órganos de gobierno de los organismos autónomos del Ayuntamiento de Valencia:

a) La Junta de Gobierno.
b) El Consejo Rector.
c) La dirección.
d) La vicepresidencia.

21. ¿Cuál es el máximo órgano de gobierno de una entidad pública empresarial del Ayuntamiento de Valencia?

a) La Junta de Gobierno.
b) El Consejo de Administración.
c) El Consejo Rector.
d) El Presidente.

22. ¿Cuál de estas dependencias NO tiene su sede en c/ Amadeo de Saboya, 11?

a) Oficina de Atención Ciudadana.
b) Consell Alimentario Municipal.

c) Agencia Municipal de la Bicicleta.
d) Centro de Atención a la Inmigración.

23. La Oficina del Padrón Municipal tiene su sede en:

a) Amadeo de Saboya, 11.
b) Carrer Quevedo, 8.
c) Plaça del Ajuntament, 1.
d) c/Micalet, 1.

24. ¿Qué Centro municipal de Juventut tiene su sede en c/Joaquín Benlloch, 77?

a) Ciutat Vella.
b) Russafa.
c) Malilla.
d) Campanar.

25. La Alcaldía de Pueblo de La Punta tiene su sede en:

a) C/ Jesús Morante Borrás, 176.
b) C/ Cura Bau, 10-12.
c) C/ Guadalquivir, 15-5.
d) C/ Caudete, 15.

Solución al test n.º 11

1. c) Un concejal que ostente la presidencia de un Distrito.

2. a) La persona titular de la Asesoría Jurídica.

3. d) Los órganos superiores.

4. b) Excelencia.

5. b) Los diez días siguientes a su presentación.

6. c) El Gabinete de la Alcaldía.

7. a) Aprobar la relación de puestos de trabajo, las retribuciones del personal de acuerdo con el presupuesto aprobado por el Pleno, la oferta de empleo público, las bases de las convocatorias de selección y provisión de puestos de trabajo, el número y régimen del personal eventual.

8. a) Periodicidad semanal.

9. a) 24 horas.

10. d) Acuerdos.

11. a) Ilustrísima.

12. b) Los tenientes de alcalde.

13. c) Estar en posesión del título de licenciado o grado en Derecho.

14. d) Junta Municipal de Benifaraig-Pueblo Nuevo.

15. d) Trimestral.

16. a) 1 %.

17. b) Un tercio.

18. c) Cada tres meses.

19. c) Tauladella.

20. a) La Junta de Gobierno.

21. b) El Consejo de Administración.

22. d) Centro de Atención a la Inmigración.

23. c) Plaça del Ajuntament, 1.

24. c) Malilla.

25. a) C/ Jesús Morante Borrás, 176.

TEST N.º 12

Marco normativo en materia de Igualdad efectiva de mujeres y hombres y de Protección Integral contra la Violencia de Género. Plan de Igualdad para empleadas y empleados del Ayuntamiento de Valencia

1. Según su artículo 1, la LO 3/2007 tiene por objeto hacer efectivo el derecho de:

a) Conciliación de la vida laboral y familiar de mujeres y hombres.
b) Igualdad de trato y de oportunidades entre mujeres y hombres.
c) Participación en los asuntos públicos en igualdad de condiciones.
d) No discriminación por razón de sexo.

2. Las obligaciones establecidas en la LO 3/2007 son de aplicación a:

a) A toda persona, física o jurídica, que se encuentre o actúe en territorio español, cualquiera que fuese su nacionalidad, domicilio o residencia.
b) A todos los ciudadanos españoles, ya sea en territorio español o territorio de cualquier país extranjero.
c) A toda persona, física o jurídica, que se encuentre o actúe en territorio español, con nacionalidad española.
d) A toda persona, física o jurídica, que resida en territorio español, cualquiera que fuese su nacionalidad.

3. Según el artículo 4 de la LO 3/2007, la igualdad de trato y de oportunidades entre mujeres y hombres:

a) Es un deber de las Administraciones Públicas.
b) Es una fuente formal del Derecho.
c) Es un principio informador del ordenamiento jurídico.
d) Es un objetivo fundamental del procedimiento administrativo.

4. La situación en que se encuentra una persona que sea, haya sido o pudiera ser tratada, en atención a su sexo, de manera menos favorable que otra en situación comparable se considera:

a) Discriminación directa.
b) Acoso sexual.

c) Discriminación indirecta.
d) Violencia de género.

5. Una diferencia de trato basada en una característica relacionada con el sexo, ¿constituye discriminación en el acceso al empleo?

a) Sí, en todo caso.
b) No, siempre que la formación necesaria se base en dicha característica.
c) No, siempre que dicha característica constituya un requisito profesional esencial y determinante.
d) No, si debido a la naturaleza de las actividades profesionales concretas o al contexto en el que se lleven a cabo, dicha característica constituye un requisito profesional esencial y determinante, siempre y cuando el objetivo sea legítimo y el requisito proporcionado.

6. A los efectos de la LO 3/2007, definimos como acoso sexual:

a) Cualquier comportamiento realizado en función del sexo de una persona, con el propósito o el efecto de atentar contra su dignidad y de crear un entorno intimidatorio, degradante u ofensivo.
b) La situación en que una disposición, criterio o práctica aparentemente neutros pone a personas de un sexo en desventaja particular con respecto a personas del otro, salvo que dicha disposición, criterio o práctica puedan justificarse objetivamente en atención a una finalidad legítima y que los medios para alcanzar dicha finalidad sean necesarios y adecuados.
c) Todo trato desfavorable a las mujeres relacionado con el embarazo o la maternidad.
d) Cualquier comportamiento, verbal o físico, de naturaleza sexual que tenga el propósito o produzca el efecto de atentar contra la dignidad de una persona, en particular cuando se crea un entorno intimidatorio, degradante u ofensivo.

7. Según el artículo 8 de la LO 3/2007, todo trato desfavorable a las mujeres relacionado con el embarazo o la maternidad constituye:

a) Acoso sexual.
b) Acoso por razón de sexo.
c) Discriminación directa por razón de sexo.
d) Discriminación indirecta por razón de sexo.

8. Cualquier comportamiento realizado en función del sexo de una persona, con el propósito o el efecto de atentar contra su dignidad y de crear un entorno intimidatorio, degradante u ofensivo, constituye:

a) Discriminación directa.
b) Acoso sexual.
c) Acoso por razón de sexo.
d) Discriminación indirecta.

9. En virtud del artículo 9 de la LO 3/2007, cualquier trato adverso o efecto nega-tivo que se produzca en una persona como consecuencia de la presentación por su parte de queja, reclamación, denuncia, demanda o recurso, de cualquier tipo, desti-nados a impedir su discriminación y a exigir el cumplimiento efectivo del principio de igualdad de trato entre mujeres y hombres, se considerará:

a) Discriminación directa.
b) Discriminación por razón de sexo.
c) Injustificado.
d) Acoso sexual.

10. Según el artículo 10 de la LO 3/2007, los actos y las cláusulas de los negocios jurídicos que constituyan o causen discriminación por razón de sexo se considerarán:

a) Válidos, pero anulables.
b) Nulos y sin efecto.
c) Ilegales.
d) Nulos, pero con efectos.

11. Conforme al artículo 12 de la LO 3/2007, cualquier persona podrá recabar de los tribunales la tutela del derecho a la igualdad entre mujeres y hombres, de acuerdo con lo establecido en el artículo 53.2 de la Constitución:

a) Siempre que la relación en la que supuestamente se produce la discriminación se encuentre vigente.
b) Incluso tras la terminación de la relación en la que supuestamente se ha producido la discriminación.
c) Siempre que se haya dado por terminada la relación en la que supuestamente se produce la discriminación.
d) A menos que se haya procedido a la suspensión de la relación en la que supuesta-mente se produce la discriminación.

12. La capacidad y la legitimación para intervenir en los procesos civiles, sociales y contencioso-administrativos que versen sobre la defensa del derecho de igualdad entre mujeres y hombres, corresponden a:

a) La persona acosada, únicamente.
b) Cualquier ciudadano.
c) Las personas físicas y jurídicas con interés legítimo.
d) Cualquier persona jurídica.

13. La persona acosada será la única legitimada en los litigios:

a) Sobre discriminación directa.
b) Sobre acoso sexual y acoso por razón de sexo.

c) Sobre acoso sexual únicamente.

d) Únicamente sobre acoso por razón de sexo.

14. La Ley 9/2003, de 2 de abril, en las actuaciones públicas o los comportamientos privados:

a) No prohíbe de manera general que se establezcan diferencias entre mujeres y hombres si hay justificación para ello, en la forma que determine la norma aplicable.

b) Establece la prohibición de establecer cualquier diferencia entre mujeres y hombres.

c) Permite, con carácter general, establecer diferencias entre mujeres y hombres.

d) No prohíbe de manera general que se establezcan diferencias entre mujeres y hombres si hay justificación objetiva, racional y razonable para ello.

15. En cuanto a la igualdad entre mujeres y hombres en la promoción interna de la función pública valenciana, en las Administraciones Públicas valencianas:

a) Se establecerán planes anuales.

b) Podrán establecerse planes plurianuales.

c) Se establecerán planes bianuales.

d) Se establecerán planes plurianuales.

16. En la Ley 9/2003, de 2 de abril se determinan respecto al principio de igualdad de mujeres y hombres:

a) Todas las acciones que deben ser implementadas a tal fin.

b) Todas las acciones obligatorias que deben, con carácter básico o no, cumplirse e implementarse a tal fin.

c) Las acciones básicas que deben ser implementadas a tal fin.

d) Las acciones básicas que deben ser implementadas a tal fin y su desarrollo.

17. Según el artículo 15 de la Ley para la Igualdad efectiva entre Mujeres y Hombres, el principio de igualdad de trato y oportunidades informará la actuación de todos los poderes públicos:

a) Con carácter transversal.

b) De forma equilibrada.

c) Solo cuando se trate de colectivos de especial vulnerabilidad o de violencia de hecho.

d) Con carácter no vinculante.

18. La aplicación de la Ley Orgánica 1/2004, de 28 de diciembre:

a) No supone la existencia necesariamente de convivencia entre la víctima y el agresor.

b) Supone que en algún momento anterior haya existido convivencia entre la víctima y el agresor.

c) Supone la convivencia, al menos en el momento del hecho, entre la víctima y el agresor.

d) Supone siempre la inexistencia de convivencia entre la víctima y el agresor.

19. Conforme al artículo 3 de la LO 1/2004, con el fin de prevenir la violencia de género, en el marco de sus competencias, los poderes públicos deben impulsar:

a) Cursos de información y sensibilización.
b) Campañas de información y sensibilización.
c) Programas de información y sensibilización.
d) Jornadas de información y sensibilización.

20. Según el artículo 4.2 de la Ley Orgánica 1/2004, de 28 de diciembre, de Medidas de Protección Integral Contra la Violencia de Género, la Educación Infantil contribuirá a desarrollar en la infancia:

a) La habilidad para comprender y respetar la igualdad entre sexos.
b) El aprendizaje en la resolución pacífica de conflictos.
c) La capacidad para conocer, valorar y respetar la igualdad de oportunidades de hombres y mujeres.
d) La capacidad para analizar y valorar críticamente las desigualdades de sexo y fomentar la igualdad real y efectiva entre hombres y mujeres.

21. Conforme al artículo 3 de la LO 1/2004, el Plan Nacional de Sensibilización y Prevención de la Violencia de Género debe dirigirse tanto a hombres como a mujeres desde un trabajo comunitario y:

a) Multidisciplinar.
b) Integral.
c) Complementario.
d) Intercultural.

22. Según el artículo 7 de la Ley 7/2012, qué principio general se constituye como actuación prioritaria e imprescindible en el diseño, implementación y evaluación de las políticas y planes de la Administración de la Generalitat:

a) Transversalidad.
b) Personalización.
c) Especialización.
d) Inmediatez.

23. Conforme al artículo 12 de la Ley 7/2012, las administraciones públicas de la Comunitat Valenciana garantizarán a las víctimas de violencia sobre la mujer los servicios sociales de atención, emergencia, apoyo y acogida y:

a) Recuperación integral.
b) Tutela.

c) Protección.
d) Asilo.

24. En virtud de qué principio rector de la Ley 7/2012 se realizará un diagnóstico individualizado de cada una de las situaciones de violencia, teniendo en cuenta la situación específica de cada caso:

a) Inmediatez.
b) Especialización.
c) Personalización.
d) Transversalidad.

25. Con el fin de alcanzar una justicia especializada, la Generalitat instará la creación de juzgados de violencia sobre la mujer:

a) Automatizados.
b) Itinerantes.
c) Territorializados.
d) Centralizados.

26. El Plan de Igualdad es un instrumento eficaz cuyo objetivo es:

a) Promover actuaciones para la transformación de la cultura.
b) Mejorar la producción laboral.
c) Lograr la igualdad real y efectiva entre las empleadas y empleados.
d) Dirigir los principios rectores de las relaciones laborales.

27. ¿Qué principio sustenta la igualdad de trato entre mujeres y hombres como la ausencia de toda discriminación, directa o indirecta, por razón de sexo y, especialmente, las derivadas del embarazo, la maternidad, la asunción de obligaciones familiares y el estado civil?

a) Principio de igualdad de trato.
b) Prevención.
c) Acción positiva.
d) Transversalidad.

28. El Plan de Igualdad del Ayuntamiento de Valencia tiene varios objetivos generales. Indica el que no corresponda:

a) Impulsar la igualdad entre mujeres y hombres en todos los ámbitos de la institución municipal.
b) Realizar una labor continua de formación y sensibilización en materia de igualdad de oportunidades, de trato y de no discriminación.

c) Potenciar y facilitar la corresponsabilidad y la conciliación de la vida personal, familiar y laboral a todas las empleadas y empleados.

d) Garantizar la asistencia legal mediante el servicio de asistencia jurídica gratuita.

29. ¿A través de cuántas áreas desarrollará el Plan de Igualdad del Ayuntamiento de Valencia las acciones concretas previstas?

a) 57.
b) 36.
c) 9.
d) 21.

30. Para el seguimiento del Plan se han detallado una serie de indicadores en cada una de las acciones concretas planteadas. Los indicadores que permiten comprobar la repercusión que tiene la implementación de las medidas, y el cumplimiento de objetivos (indicadores de resultado) a:

a) Corto plazo.
b) Medio plazo.
c) Largo plazo.
d) Después de la implementación.

Solución al test n.º 12

1. b) Igualdad de trato y de oportunidades entre mujeres y hombres.

2. a) A toda persona, física o jurídica, que se encuentre o actúe en territorio español, cualquiera que fuese su nacionalidad, domicilio o residencia.

3. c) Es un principio informador del ordenamiento jurídico.

4. a) Discriminación directa.

5. d) No, si debido a la naturaleza de las actividades profesionales concretas o al contexto en el que se lleven a cabo, dicha característica constituye un requisito profesional esencial y determinante, siempre y cuando el objetivo sea legítimo y el requisito proporcionado.

6. d) Cualquier comportamiento, verbal o físico, de naturaleza sexual que tenga el propósito o produzca el efecto de atentar contra la dignidad de una persona, en particular cuando se crea un entorno intimidatorio, degradante u ofensivo.

7. c) Discriminación directa por razón de sexo.

8. c) Acoso por razón de sexo.

9. b) Discriminación por razón de sexo.

10. b) Nulos y sin efecto.

11. b) Incluso tras la terminación de la relación en la que supuestamente se ha producido la discriminación.

12. c) Las personas físicas y jurídicas con interés legítimo.

13. b) Sobre acoso sexual y acoso por razón de sexo.

14. d) No prohíbe de manera general que se establezcan diferencias entre mujeres y hombres si hay justificación objetiva, racional y razonable para ello.

15. d) Se establecerán planes plurianuales.

16. c) Las acciones básicas que deben ser implementadas a tal fin.

17. a) Con carácter transversal.

18. a) No supone la existencia necesariamente de convivencia entre la víctima y el agresor.

19. b) Campañas de información y sensibilización.

20. b) El aprendizaje en la resolución pacífica de conflictos.

21. d) Intercultural.

22. a) Transversalidad.

23. a) Recuperación integral.

24. c) Personalización.

25. c) Territorializados.

26. c) Lograr la igualdad real y efectiva entre las empleadas y empleados.

27. a) Principio de igualdad de trato.

28. d) Garantizar la asistencia legal mediante el servicio de asistencia jurídica gratuita.

29. c) 9.

30. b) Medio plazo.

Cómo acceder al Curso
Subalterno/a
Test del Temario

El uso de los códigos **es exclusivo de los compradores de los productos de Editorial MAD**. Cada producto posee un código único y de un solo uso. Es personal e intransferible y da acceso a servicios y contenidos adicionales. Editorial MAD se reserva el derecho de hacer cuantas comprobaciones sean necesarias para identificar al legítimo poseedor del código y dejar de dar servicio a quien haga uso fraudulento del mismo, además de emprender cuantas acciones legales estime oportunas según la legislación vigente.

Deberás acceder a:

mad.es/registro-campus

Si una vez aceptadas las condiciones de uso del Campus decides hacer uso del mismo, necesitarás del siguiente código de acceso junto con los códigos del resto de títulos que se exigen (si fuera el caso):

2X5JB3WMYP